KB254196

취리산 회맹과 백제

취리산 회맹과 백제

지은이 소개

최광식   국립중앙박물관장, 고려대학교 교수
이현숙   공주대학교박물관 학예연구사
정운용   고려대학교 고고미술사학과 교수
김영관   청계천문화관 관장
양종국   공주대학교 사학과 교수
조경철   한국학중앙연구원 동아시아역사연구소 연구원

취리산 회맹과 백제

한국고대학회 엮음

2010년 12월 15일 초판 1쇄 발행

펴낸이 | 오일주
펴낸곳 | 도서출판 혜안
등록번호 | 제22-471호
등록일자 | 1993년 7월 30일

주소 | ⑨ 121-836 서울시 마포구 서교동 326-26번지 102호
전화 | 3141-3711~2 / 팩시밀리 | 3141-3710
E-Mail hyeanpub@hanmail.net

ISBN 978-89-8494-409-1 93910

값 18,000 원

취리산회맹과 백제

한국고대학회 엮음

혜안

간행사

한국고대학회에서는 이번에 '한국고대학회 연구총서 1'로『취리산회맹과 백제』를 공주시와 공동으로 간행하였습니다. 이 책은 '취리산회맹' 당시의 시대 상황과 역사적 의미에 대하여 문헌사학적으로 고찰한 것은 물론 '취리산 회맹지'를 공주 지역에서 고고학적으로 고찰한 연구결과입니다.

한국고대학회는 2009년 5월 1일 "취리산 제·나 회맹단지의 조사 성과와 역사적 의의"라는 주제로 공주시와 공동으로 공주대학교에서 학술대회를 개최한 바 있습니다. 학술대회에서 전공학자들이 6개의 소주제를 발표하고 토론 과정을 거쳤으며 그 후 연구 내용을 더 보완 정리하여 단행본으로 간행하였습니다.『취리산회맹과 백제』에는 신라가 3국을 평정한 이후 백제 부흥운동 세력과 신라 사이에 이루어진 회맹에 대하여 문헌사학과 고고학적인 연구결과들이 들어 있습니다. 따라서 이 책에는 하나의 역사적 사건에 대하여 다양한 시각의 연구성과들이 담겨 있는 것입니다.

한국고대학회는 일찍이 한국 고대사 연구에서 문헌사학, 고고학 그리고 미술사학이 각기 걷고 있는 연구의 개별성을 지양하고 학제간의 종합화를 기치로 내걸고 출범한 학회입니다. 그런 의미에서『취리산회맹과 백제』는 한국고대학회가 지향하고 있는 '고대학(古代學)에 대한 종합의 역사 창출'이라는 학회 창립취지에 매우 적합한 연구성과물이라고 사료됩니다. 아울러 이 책이 '한국고대학회 연구총서 1'로 간행된 것은 그 의의가 크다고 생각합니다.

『취리산회맹과 백제』를 간행하기까지는 많은 분들의 도움이 컸습니다. 그 중에서도 평소 백제사에 대하여 많은 관심을 갖고 저희 학회를 물심양면으로 지원해 주신 공주시 이준원 시장님과 실무를 담당하신 공주시 여러분께 깊은 감사의 말씀을 드립니다. 그리고 연구와 강의로 바쁘신 중에도 옥고를 다듬어 주신 선생님들께도 감사드립니다. 또한 좋은 책이 될 수 있도록 애를 많이 쓰신 충주대학교의 강진주 님과 '한국고대학회 연구총서 1'로 의미가 깊게 간행해 주신 도서출판 혜안의 오일주 사장님과 편집부 여러분께도 깊은 감사의 말씀을 드립니다.

2010년 12월

한국고대학회 회장 박 희 현

목 차

취리산 백제·신라 회맹단지의 역사적 의의

최 광 식 국립중앙박물관장
고려대학교 교수

1. 머리말

고대 문헌 자료에 기록된 내용이 고고학 조사를 통해 그 사실이 입증되는 사례가 나타날 때만큼 역사학자들을 흥분시키는 일은 없을 것이다. 이는 고고학자의 경우에도 마찬가지다. 최근 이에 부합되는 사건이 공주에서 발생하여 학계의 많은 주목을 끌고 있다. 이 역사적 사건의 발단은 최근 충남 공주시 연미산(燕尾山) 꼭대기(해발 239m)에서 발견된 7세기 무렵에 축조된 것으로 추정되는 제단 유적에 대한 시굴조사였다. 이 제단 유적이 바로 역사 기록에 등장하는 '취리산 회맹터'일 가능성이 있다는 견해가 강하게 제기되었던 것이다. 물론 현재까지의 조사 결과로 볼 때는 '취리산 회맹터'에 대한 전모가 모두 밝혀진 것은 아니지만, 향후 본격적인 조사를 앞두고 있는 현 시점에서 미력하나마 조사에 도움을 주고자 '취리산 백제·신라 회맹단지'의 역사적 의미에 대한 소견을 피력하고자 한다.

사실 1980년대 후반에 필자가 제사(祭祀)를 주제로 박사논문을 쓸 때만 하더라도 우리나라에서 발굴된 제사유적은 많지 않았다. 이 때문에, 시조묘(始祖廟), 신궁(神宮), 오묘(五廟), 종묘(宗廟), 삼산오악(三山五嶽) 등 『삼국사기』 본기 및 제사지 등의 문헌을 중심으로 연구할 수밖에 없었다. 다행히 1980년대 말에 울진 신라 봉평비와 영일 냉수리 신라비가 발견되어 "살반우(殺斑牛)," "살우(殺牛)" 등과 같은 희생(犧牲) 관련 자료를 얻게 되면서 문헌의 부족함을 보충할 수 있었다. 이후 전북 부안 죽막동 제사유적이 발굴되자 국립전주박물관에서는 이와 관련된 학술회의를 개최하였고, 이를 계기로 제사고고학 연구의 시초가 열리게 되었다. 또한 죽막동의 뒤를 이어 제주 용담동, 늑도, 광주 신창동 유적 및 환도산성, 이성산성, 나정, 설봉산성 등의 팔각건물지 등 제사와 관련된 선사 및 역사 시대의 유적과 유물이 많이 발굴되었다. 따라서 이를 통해 문헌 자료와 고고학 자료를 함께 고려하면서 당시의 제사 제도, 의례, 제사 과정 등을 생각할 수 있게 되었다. 필자가 1985년 일본에서 연구할 때, 일본 지바에 있는 역사민속박물관에서 이미 일본 고고학 유적 중 제사와 관련된 유물만을 정리한 목록집이 나온 것을 보고 놀란 적이 있다. 우리나라에서도 마찬가지로 이미 발굴된 유적과 유물을 재검토해 보면, 제사와 관련된 것들이 많을 것이라고 생각한다.

그러한 면에서 취리산 백제·신라 회맹단지 또한 우리나라 제사고고학을 살펴보는 데 중요한 자료라고 생각한다. 사실 부안 죽막동 제사유적은 제사와 관련된 대표 유적이지만, 문헌에서 그와 직접 관련된 자료를 찾기는 어렵다. 그러나 취리산 백제·신라 회맹단지는 문헌 기록과 현장의 고고학 발굴 자료를 일치시켜 생각해 볼 수 있고, 이를 통해 제의의 진행 과정이나 제사 주체, 제사 목적 등을 살펴볼 수 있다.

우선『삼국사기』에는 취리산회맹 당시 흰 말의 피를 삽혈했고 또한 맹약의 내용을 적은 금서철계(金書鐵契)를 신라 종묘에 보관했다는 기록이 보이는데, 이들 기록은 단편적이긴 하지만 제사의 전체적인 모습을 복원하는 데 도움이 된다. 아울러, 공주대학교 박물관에서 발굴한 유적이 취리산회맹과 관련된 것이 분명하다면, 물론 임시적 성격일 수는 있으나 당시의 제단 형태나 규모 등을 추정할 수 있는 중요한 자료가 된다. 삼국 당시의 제단에 대해서는『삼국사기』제사지를 통하여 그 구체적인 형태를 이미 알 수 없게 되었다고 했기 때문에, 발굴 성과의 중요성은 더욱 커진다. 결론에서도 밝히겠지만, 문헌에서는 회맹 당시의 제문(祭文), 제수품(祭需品), 희생 등을 임지(壬地) 즉 북쪽에 묻었다고 했으므로, 본격적인 발굴에 의해 이러한 것들을 확인할 수 있다면 당시의 제사 의례를 더욱 구체적으로 알 수 있는 좋은 자료가 될 것이다.

2. '취리산 회맹터' 비정지에 대한 조사 성과와 현황

취리산 회맹터와 관련한 위치 비정 및 회맹을 둘러싼 국제 관계에 관한 연구는 과거에도 몇 차례 이루어진 바가 있다.[1) 근래에 들어서는 공주대학교 박물관이 1997년에 공주 신관동에 위치한 취리산에 대한 시굴조사를 한 차례 실시한 바 있으나, 그 결과 백제·신라 회맹지와의 관련성을 뚜렷하게 도출해 내지는 못했다. 오히려 보고서에서는 이것이 제단이 아니라 분묘일 것이라고 추정하였다.

이후 2001년도에 국립공주박물관에서 공주 지역의 또 다른 취리산

회맹터로 추정되는 연미산 정상부에 대한 간단한 지표조사를 시행한 적이 있으나, 몇 가지 천단(天壇)과 관련된 정황적 증거만을 확보한 채 조사를 조기에 종료한 바 있다. 이 같은 상황에서 2008년 12월 공주대학교 박물관(관장 이남석)이 연미산 정상부에 대한 본격적인 시굴조사(발굴조사 이전에 시험적으로 땅을 파보는 조사)를 실시하고, 정연하게 축조된 석축 제단의 모습을 마침내 찾아냈다. 제단 규모는 동서 길이가 대략 16m 내외, 남북 길이 역시 16m 내외, 높이는 1.5m 정도로 평면 다각형의 형태를 취하고 있음을 파악하게 되었다. 또한 이 제단 유적의 축조 과정에 대해서도 산 정상부의 암반을 깨트려 편평한 터를 닦고, 그곳에서 채취한 돌을 정연하게 쌓아올려 단(壇)을 만들고, 내부에는 진흙과 불에 구운 흙, 숯 덩어리를 함께 섞어 단단히 채워넣는 과정을 통해 완성되었음을 밝혀냈다. 따라서 이것은 자연적인 것이 아니고, 인위적으로 조성된 제단이라는 것을 확실히 알 수 있다.

주지하는 바와 같이 취리산회맹이란 백제가 멸망한 지 5년의 세월이 지난 서기 665년 8월, 당 태종의 칙사인 유인원과 신라의 문무왕, 옛 백제의 왕자 부여융이 함께 만나 서로 화친할 것을 하늘에 맹세한 역사적인 사건(2차 회담)을 말한다. 이 회맹에 참석한 세 나라의 속내는 물론 달랐다. 당은 이름뿐인 백제를 다시 세워 신라를 견제하려 하였고, 백제는 당을 이용하여 국가의 재건을 기도하였으며, 신라는 당과의 마찰을 최소화하면서 향후의 주도권을 차지하려 하였다.

또한 이 제사가 끝난 후에는 유인궤가 신라·백제·탐라·왜 네 나라의 사신을 거느리고 당의 태산(泰山)에 가서 제사에 참석하였다. 백제는 660년 멸망하였으나 그 후 백제부흥운동이 지속적으로 이루어졌다. 그러한 부흥운동이 이 시기에 이르러 평정되자, 당은 명실공히 한반도를 아울렀음을 천명하는 상징적 이벤트로서 회맹과 태산제사를 실행했던 것이다.[2]

이러한 의미에서 연미산의 입지 조건은 대단히 주목된다. 회맹의식이 앞서와 같은 상징적 성격을 가지고 있다면, 여기에서 중요한 것은 세 나라가 앞으로 화평하게 지낼 것임을 만천하에 가시적으로 보여주는 점이다. 이러한 회맹은 많은 사람들이 볼 수 있는 장소에서 행해졌을 것이므로, 연미산의 입지 조건을 주목해 볼 수 있는 것이다.

취리산회맹의 내용이 주목을 받는 것은 회담의 전 과정과 회담 결과를 담은 맹서문의 내용이 오늘날까지 고스란히 전하고 있어 통일전쟁기의 복잡한 국제 정세를 생생하게 보여주기 때문이다. 『삼국사기』 등 역사서에 따르면 세 나라의 대표는 산천의 신께 제사를 지내면서 백마를 제물로 희생시켜 그 피를 함께 마셨으며, 유인원은 평화의 메시지를 담은 회담문을 읽어 내려갔다. "전 백제 대사가정경(大司稼正卿) 부여융(扶餘隆)을 웅진도독으로 삼아 백제 선왕들의 제사를 받들고 그 옛 땅을 보전하게 하니, 신라에 의지하여 길이 우방으로 삼을 것이다. 신라와 백제는 각각 지난날의 묵은 원한을 풀어 화친을 맺으며, 황제의 뜻을 받들어 영원히 번국으로서 복종해야 할 것이다."[3] 모임이 끝나고 회담문이 새겨진 금속판은 신라의 수도 경주로 가져갔고 제사에 쓰인 물품은 제단의 북쪽 아래에 묻었다고 한다.

일찍이 이케우치 히로시(池內宏), 이병도 등의 역사학자들은 취리산과 취미산(鷲尾山, 연미산의 또 다른 이름)의 음이 유사하다는 점과 664년 2월에 개최된 1차 회담 장소인 웅령(熊嶺)이 웅진에 위치하였을 것이라는 점, 하늘에 제사 지내는 의식은 산 정상부에서 수행하였을

[삽도] 공주 연미산 출토 반원형(말발굽모양) 무늬 토기

것이라는 점에 근거하여 취리산이 곧 연미산일 것으로 보았다.[4] 그런데 이번 조사에서 그 위치를 획정할 수 있는 중요한 실마리를 찾아낸 것이다.

한편 이 제단의 축조 연대를 알려주는 것은 반원형의 무늬[마제형문 : 말발굽모양 무늬]가 찍혀 있는 토기다. 이 토기는 7세기 중후반에 유행한 신라의 전형적인 토기로서 부여 능산리 사지와 정림사지에서 발견된 바 있으며, 백제 멸망기에 신라에서 반입된 토기라고 보는 것이 정설이다. 이 토기가 백제의 도성뿐만 아니라 공주의 연미산에서도 출토된 것이다. 이 토기 조각은 660년대에 신라인들이 이 산의 꼭대기에서 활동했음을 보여주며 이 제단의 축조 연대가 취리산회맹의 기록과 부합함을 웅변한다.

3. 고대 제단(祭壇)의 입지 유형과 연미산 유적

현재까지 밝혀진 연미산 소재 '취리산 회맹터' 비정지의 경우, 입지상 높은 산의 정상부에 위치하고 있으며, 비교적 큰 규모의 제단이 만들어져 있는 것으로 보아 이는 공적인 차원에서 주도하여 축조되었을 가능성이 높으며, 자연지형을 최대한 이용하여 다각형으로 만들었기 때문에 제단(祭壇)의 구획을 지향한 것으로 이해할 수 있다. 물론 평지에 축조된 시설물에 비한다면 구조적인 안정성이 다소 떨어지므로 국가적인 안정기에 일정한 기획안을 가지고 오랜 기간에 걸쳐 축조한 시설물로 보기에는 다소 어려운 점이 있는 것이 분명하다. 하지만 이 점이 오히려 당시의 국가적 혼란기를 상정해 볼 때 회맹, 맹서 유적의 성격과 부합하는 것으로 이해할 수 있다. 즉 이곳은 지속적이고 정기적인 제사가 이루어진 곳이었다기보다는 일시적인 회맹을 위해 만들어진 곳으로 보기에 문제가 없다고 생각된다.

고대사회에서 제단 또는 천단의 입지를 생각해 보면, 먼저 단군신화를 떠올릴 수 있다. 단군신화에는 환인의 아들 환웅이 "태백산 신단수 아래"로 내려왔다는 기록이 있는데, 이곳이 바로 산 정상이며 그 중에서도 나무가 있는 곳이었다. 신화가 구체적으로 발현되는 모습이 바로 제사 의례이므로 이러한 의미에서 이 기록은 산 정상을 제사 의례의 장소로 삼았던 모습을 보여주는 것으로도 볼 수 있겠다. 후대의 일이기는 하지만, 마니산의 첨성단 같은 경우도 마찬가지며 태백산의 천제단도 같은 성격으로서, 모두 산 정상에 위치하며 돌무더기가 제단의 역할을 하고 있다. 그리스 같은 경우도 파르테논 신전이 산 정상 부분에 위치한다. 즉 고대의 종교 건축, 제의 건축은 대부분

돌출된 산 정상에 만들어졌으며, 그러한 전통은 후대 기독교 교회 건축에도 이어졌다. 또한 남아 있는 자료 중 부천 고강동 유적이 돌무더기로 되어 있는데 마치 삼한의 소도 같은 모습을 보여준다. 고구려의 경우에는 집안시 교외에 있는 통천굴을 하늘에 제사 지내는 곳으로 보고 있다.

그런데 취리산회맹은 당이 주도한 제사였다. 이 시기 당의 제사를 생각해 보면, 회맹이 끝난 후 당의 태산에 가서 제사를 지냈다는 앞의 기록을 떠올릴 수 있다. 중국의 태산에는 산 아랫부분에 돌을 쌓아 만든 제단이 있다. 물론 이곳에는 후대에 도관(道觀)이 만들어졌지만, 기본적인 유형은 석축이었다. 우리 고대사회와 관련해서는 백제의 석촌동 고분군이나 고구려 장군총 등을 생각할 수 있는데, 이는 하부에 무덤이 있지만 상부의 석축은 제단으로 이해된다. 고구려 적석총에서는 적석 상부에 기왓장이 널려 있는 것을 몇몇 확인할 수 있으며 이는 바로 무덤 위에 어떠한 시설물이 있었다는 점을 알 수 있게 해준다. 즉 고대의 제사 시설은 무덤 상부에 위치했던 것이다. 이 때문에 무덤 묘(墓)자와 사당 묘(廟)자를 혼용해서 쓰기도 하였다. 이렇게 보면, 처음에는 산 정상부에서 하늘에 제사를 지내고, 무덤 위의 건조물에서 조상에 제사 지냈음을 알 수 있다. 이는 곧 고대인들이 정상 부분을 숭배의 대상으로 유형화했음을 보여준다.

종교건축물 또한 다른 건축물보다 상부에 위치하였다. 예컨대 환도산성의 팔각건물지는 다른 건물보다 상단에 자리잡고 있다. 또한 다른 궁궐 건물과는 평면 형태가 다른, 팔각형의 특이한 형태를 갖고 있다. 이는 정치, 행정 등 다른 제도와 차별되는 종교의 독특한 위상을 반영한다고 생각된다.

하늘에 대한 제사나 조상에 대한 제사를 정상부에서 행한다는 것은 하늘과 소통한다는 의미다. 태백산 신단수는 하늘과 연결됨을 상징하는 우주목으로 이해되고, 고구려의 통천굴 또한 하늘과 연결된다는 관념을 나타낸다. 따라서 연미산의 정상부 또한 그곳에서 아래를 내려다본다는 의미와 동시에 하늘과 소통할 수 있는 공간이라는 상징성을 갖고 있었다고 생각된다. 또한 취리산회맹은 '공공의 의식'[public ceremony]으로서 정치적 이벤트의 성격을 띠고 있었으므로, 취리산 정상부는 산 아래에 있는 사람들이 모두 바라볼 수 있는 곳이라는 의미도 함께 가지고 있었다고 하겠다.

신라의 대·중·소사에 편제된 삼산오악 및 각 지역의 진산들을 살펴보면 이들은 모두 군사적 요충지에 입지하고 있음을 확인할 수 있다. 제사유적은 종교적인 목적 이외에 교통의 요지, 감제고지(瞰制高地), 전략적 요충지 등 실질적인 목적도 동시에 지니고 있었다. 즉 제사와 군사는 동전의 앞과 뒤라고 이해할 수 있다. 연미산의 경우도 마찬가지다. 연미산의 건너편에는 정지산 유적이 위치하고 있으며, 또한 공산성에서도 바로 보이는 곳이면서 동시에 교통의 요지이기도 하다. 정지산의 성격에 대해서는 여러 이해가 있지만, 아마도 제사와 군사의 두 가지 성격을 모두 지니고 있었을 것이다. 제사는 단순한 종교적인 의례가 아니며, 오히려 군사적이며 전략적인 의미를 함께 지니고 있었다. 이러한 입지적 특징이 연미산 정상부에 축조된 제단유적을 '취리산 회맹터'로 비정하는 이유가 아닐까 한다.

4. 맺음말

비록 연미산 정상부에 축조된 가칭 천단 시설이 시굴조사에 그친 관계로 유적 성격에 대한 전모를 파악하지 못해 일부 아쉬움이 남지만, 곧 발굴조사를 진행한다고 하므로 머지않아 이 제단 유적의 성격이 뚜렷하게 드러날 것으로 생각된다. 특히 제사 유적의 성격상 제물은 유적 주변에 폐기하거나 묻는 것이 일반적이므로 백제뿐만 아니라 동아시아 고고학 연구에 획기적인 자료가 출토될 가능성이 높을 것으로 기대된다. 특히 희생 의례는 제사에서 가장 중요한 의례라 할 수 있는데, 취리산회맹에서는 흰 말을 죽여 삽혈했다고 한다. 만약 이곳에서 흰 말을 희생으로 삼았다면 이 주변에 말뼈가 있을 수도 있다. 또한 사료에서 희생과 폐백을 제단의 북쪽에 묻었다고 하므로, 현재 발굴된 제단의 북쪽을 심도 있게 관찰해 보는 것이 좋을 듯하다. 이 제사는 백제, 신라, 당의 요소가 모두 포함되어 있었을 것으로 생각되므로 희생과 폐백에 관련된 유물이 발굴된다면 동아시아 고대 제사의 연구에 그 의미가 매우 클 것이다. 앞으로 전면적인 정식 발굴 결과가 나오기를 기대한다.

참고문헌

『三國史記』

최광식, 2009, 「취리산 제라회맹단지의 역사적 의의」, 『就利山 濟·羅 會盟壇址
　　의 조사 성과와 역사적 의의』(한국고대학회 춘계 학술회의 자료집),
　　한국고대학회.
池內宏, 1915, 「百濟滅亡後の動亂及び唐·羅·日三國の關係」, 『滿鮮地理歷史
　　研究報告』14.
池憲英, 1967, 「熊嶺會盟·就利山會盟의 築壇位置에 對하여」, 『語文硏究』5,
　　大田語文硏究會.
布山和男, 1996, 「新羅文武王五年の會盟にみる新羅·唐關係」, 『駿台史學』96,
　　日本 駿台史學會.

_주

1) 池內宏, 1915, 「百濟滅亡後の動亂及び唐·羅·日三國の關係」, 『滿鮮地理歷史研究報告』 14 ; 池憲英, 1967, 「熊嶺會盟·就利山會盟의 築壇位置에 對하여」, 『語文研究』 5, 大田語文研究會 ; 布山和男, 1996, 「新羅文武王五年の會盟にみる新羅·唐關係」, 『駿台史學』 96, 日本 駿台史學會.

2) 최광식, 2009, 「취리산 제라회맹단지의 역사적 의의」, 『就利山 濟·羅 會盟壇址의 조사 성과와 역사적 의의』(한국고대학회 춘계 학술회의 자료집), 한국고대학회.

3) 『三國史記』 卷6 新羅本紀6 文武王 5年 秋8月, "故立前百濟大司稼正卿扶餘隆 爲熊津都督 守其祭祀 保其桑梓 依倚新羅 長爲與國 各除宿憾 結好和親 各承詔命 永爲藩服."

4) 池內宏, 1915, 「百濟滅亡後の動亂及び唐·羅·日三國の關係」, 『滿鮮地理歷史研究報告』 14 ; 이병도, 1977, 『國譯 三國史記』, 을유문화사.

취리산유적의 고고학적 검토

이 현 숙 공주대학교박물관 학예연구사

1. 머리말

664년 2월과 665년 8월, 당의 주도 하에 신라와 멸망한 백제는 두 차례에 걸쳐 회맹을 맺게 된다. 최초의 회맹은 664년 2월 신라와 백제, 당나라 사이에 맺어졌다. 『삼국사기(三國史記)』 문무왕 4년 (664) 2월조에는 각간 김인문과 이찬 천존이 당나라의 칙사 유인원, 백제 부여융과 웅진에서 동맹을 맺었다고 기록하고 있다. "모여 맹세하는 것이 비록 원하는 바는 아니었지만"이라는 문무왕의 말로 보건대 신라는 백제와의 회맹에 응하고 싶지 않았음이 분명하다. 하지만 당나라가 "엄한 칙령을" 내려 백제와의 회맹을 강요하자 어쩔수없이 백제와 회맹을 맺게 된 것이다.

이듬해인 665년 8월 문무왕은 다시 칙사 유인원, 웅진도독 부여융과 웅진의 취리산에서 회맹을 맺었다. 664년에 회맹을 했음에도 불구하고 다시 665년에 회맹을 맺게 된 것은 664년 회맹 당시 문무왕이 아닌 왕의 동생 김인문이 참여했기 때문일 것이다. 당은 이미 663년

4월 백강 전쟁이 있기 5개월 전에 신라를 계림대도독부(鷄林大都督府)로 삼고, 문무왕을 계림주대도독(鷄林州大都督)으로 임명하였다. 이로써 신라는 당나라의 도독부 지위에 포함되었으며 백제는 웅진도독부(熊津都督府)로 편입되었다.

취리산 제·라 회맹은 백제 영역을 모두 차지하려던 신라와는 달리 백제의 명맥을 유지시켜 주면서 한반도에 대한 중국적 지배질서의 유지를 꾀하던 당의 의도를 구체적으로 표현한 역사적 사건으로 볼 수 있다. 이와 같은 제·라 회맹지로서의 '취리산'은 역사적 기록을 구체화할 수 있는 유적지로서 주목되는 곳이다. 그러나 취리산 회맹지와 관련된 본격적인 연구성과는 적은 편이다. 회맹처인 웅진과 취리산의 위치 비정에 관한 연구와 회맹을 둘러싼 국제관계에 대한 연구가 주로 이루어져 왔을 뿐이다. 다행히 공주시가 취리산 회맹지 추정 부지에 대한 문화재 시굴조사를 적극적으로 추진함으로써, 고고 자료를 통한 유적의 구체화를 위하여 적극적인 노력을 진행하고 있다.

본고는 이러한 노력의 과정에서 이루어진 취리산 회맹지 추정 부지에 대한 고고학적 조사성과를 정리하고자 한다. 우선 취리산 회맹지의 위치비정에 대한 견해들을 검토한 후, 가장 유력한 위치로 논의되고 있는 공주 취리산과 연미산에 대한 고고학적 조사성과를 살펴보고자 한다.

취리산 회맹지 추정 부지에 대한 문화재 조사는 공주시의 의뢰로 공주대학교 박물관에서 2차에 걸쳐 진행하였다. 1997년에 이루어진 1차 조사는 현재 '공주생명과학고등학교' 뒤편의 취리산(치미)에 대한 것이고, 2008년에 이루어진 2차 조사는 공주 연미산(취미산) 정상부에 대한 것이다. 두 지역에 대한 조사 모두 시굴조사를 통한 현황 파악에 머물러 있는 상태이므로 구체적인 유적 내용은 발굴조사를 통하여 확인될 수 있을 것으로 판단되지만, 현재 상황에서 알 수 있는 조사 내용을 중심으로 살펴봄으로써 추후 취리산 회맹지에 대한 조사·연구의 방향을 파악하는 자료로 활용될 수 있을 것으로 판단된다.

2. 취리산 제·라 회맹지의 위치 비정 현황

1) 회맹의 절차와 방법

회맹(會盟)은 춘추전국시대(B.C. 770~476, B.C. 475~221)를 중심으로 하는 시기에 여러 국가 간에 있었던 정치 교섭의 한 형식으로, 특히 춘추시대를 상징하는 정치 현상이다. 춘추시대에는 '회맹', '국내의 맹약', '개인간의 맹약' 등 모든 관계에서 맹약이 결합되어 있었는데, 회맹은 이 시대의 여러 관계를 보편적으로 강화하고 있었던 '결맹습속(結盟習俗)'이 제후국 사이에서 표현되었던 것이라 할 수 있다.

회맹 의식을 간단히 살펴보면 다음과 같다. 먼저 만나는 날짜와 장소를 미리 알려준다. 회맹 장소에는 단을 쌓고 막을 펼쳐 친 다음, 나무표로 참가자의 위치를 표시해 둔다. 제후들의 합의가 끝나면 회맹 문서를 작성하고 땅에 구덩이를 파고, 소를 죽여 희생으로 삼는다. 회맹을 주관한 자가 피를 마신 다음 맹약문을 읽어 신께 알리고, 다른 참가자도 똑같이 한다. 맹약문을 구덩이에 넣고 흔례(釁禮 : 피를 바르는 의식)를 한 후 양과 함께 땅 속에 묻는다. 같은 맹약문을 따로 보관하고 다른 참가자도 돌아가 보관한다.

맹약문의 내용은 회맹하기까지의 과정을 신들에게 고하는 부분으로, 회맹에서의 계약 사항과 계약 사항을 어겼을 경우 받게 될 저주 부분으로 이루어져 있다. 그리고 처음에는 회맹을 주관한 사람이 단독으로 회맹문을 읽는 것이 일반적이었다. 이 경우, 회맹을 주관한 사람은 계약 사항과 저주의 대상에서 제외되었다. 계약과 저주는 다른 참가자에게만 적용되었던 것이다.

전국시대에 들어서면, 춘추시대와는 달리 회맹이 가지는 종교성이 희박해지고, 회맹의 징표로서 부절(符節)을 서로 교환하게 되었다. 한(漢 : B.C. 206~A.D. 220)의 고조 유방(劉邦)이 공신을 책봉할 때 맹약문의 내용을 철계(鐵契)에 기록한 뒤 그것을 둘로 나누어 하나는 공신에게 수여하고 다른 하나는 금궤속실에 봉하여 종묘에 넣어두었다. 이렇게 철계를 둘로 나누어 하나씩 보관하는 것은 당·송을 거쳐 명나라까지 이어졌다.

이렇게 볼 때 665년 취리산 제·라 회맹의 기초가 되었던 것은 춘추전국시대부터 한나라 초기까지 행해졌던 회맹임을 알 수 있다. 또한 회맹의 주관자인 당나라는 회맹 참가자인 신라나 백제보다 한 단계 높은 입장, 즉 춘추시대의 패자(覇者)와 같은 입장에서 회맹을 진행함으로써 이를 매개로 당나라가 자신을 중심으로 국제질서를 정리하려 했던 것임을 알려준다. 따라서 취리산 회맹문의 본문에 보이는 계약 사항이나, 그것을 어겼을 때의 저주 부분은 모두 신라와 백제에게만 해당되고 당나라에는 해당되지 않는다.

2) 회맹을 위한 단을 쌓았다

본래 천자와 제후 사이의 회맹이 사맹(私盟)과 차이를 갖는 것은 단(壇)의 유무에 있으며, 맹약의 조문도 미리 작성해 두었다가 사맹(司盟)이 읽는다. 이러한 회맹 시의 재서(載書) 내용 작성은 대국의 권한이었다. 중국 고례(古禮)에 따르면, 회맹 시에 축조되는 단은 사방 300보 되는 흙담[土牆] 가운데 높이 4척, 폭 96척의 단을 3단으로 만들며, 단상의 남쪽에 방명(方明)을 안치하고 사맹(司盟)과 맹약하는 제후가 모두 단상에서 북쪽을 바라보고 맹세한다고 한다. 취리산회맹에 임하는 당나라의 태도가 중국 고제(古制)를 따른 것이라면, 이러한 내용은 취리산 회맹지의 위치와 구조를 확인하는 데 주목하여야 할 사항이다.

따라서 주목되는 것은 회맹 장소에 단을 쌓는다는 행위이므로, 취리산회맹과 관련된 유적을 확인하기 위해서는 기록에 보이는 회맹 당시의 정황을 파악할 수 있는 내용을 적극적으로 검토해 보아야 한다. 『삼국사기(三國史記)』 권6 신라본기(新羅本紀) 제6의 문무왕 5년(665) 8월조에 보이는 제·라 회맹 관련 기사 가운데 취리산 회맹 행위와 관련된 내용은 다음과 같다.

秋八月 王與勅使劉仁願熊津都督扶餘隆 盟于熊津就利山……至是 刑白馬而盟 先祀神祇及川谷至神 以後歃血. 其盟文曰…… 劉仁軌之辭也 歃訖 埋牲幣於壇之壬地, 藏其書於我之宗廟.

"가을 8월에 왕이 칙사 유인원, 웅진도독 부여융과 함께 웅진 취리산에서 맹약을 맺었다. …… 이때 이르러 흰 말을 잡아 맹세하였는데, 먼저 하늘과 땅의 신 그리고 내와 골짜기 신에게 제사 지낸

후 그 피를 마셨다.” 그 맹세문은 다음과 같다. …… 유인궤가 지은 글이다. 피를 마신 다음 희생과 예물을 제단의 북쪽 땅에 묻고, 그 글을 우리 종묘에 간직하였다.

『삼국사기』 권7 신라본기 제7의 문무왕 11년(671) 7월 당나라 총관 설인귀의 편지에 대한 「답설인귀서」에서 확인되는 취리산회맹의 행위와 관련된 내용은 다음과 같다.

至麟德元年 復降嚴勅 責不盟誓 卽遣人於熊嶺 築壇共相盟會 仍於盟處 遂爲兩界. 盟會之事 雖非所願 不敢違勅. 又於就利山築壇 對勅使劉仁願 歃血相盟 山河爲誓 畫界立封 永爲疆界 百姓居住 各營産業…….

인덕 원년(664)에 이르러 다시 엄한 칙명을 내려 맹약하지 않은 것을 꾸짖었으므로 곧 웅령에 사람을 보내 제단을 쌓고 함께 서로 맹세하고, 회맹한 곳을 드디어 두 나라의 경계로 삼았습니다. 모여 맹세한 일이 비록 원하는 바는 아니었지만 감히 칙명을 어길 수 없었던 것입니다. 또 취리산에 제단을 쌓고 칙사 유인원을 상대로 피를 마시고 서로 맹세하여 산과 강으로 서약하였고, 경계를 긋고 푯말을 세워 영원히 국경으로 삼아 백성을 머물러 살게 하고 각기 생업을 꾸려나가도록 하였습니다.

‘취리산’이란 명칭이 여기에서 구체적으로 등장하나, 이것이 웅진에 있다는 점 이외에 지리적 위치를 상고할 만한 구체적인 근거는 없다. 나아가 맹문의 내용에서 취리산과 관련하여 주목할 내용으로는 취리산에 단을 만들고 거기에서 의식을 행한 후 단의 북쪽에 희생물과

각종 예물을 묻었다는 것이다.

즉 정리하면 665년(문무왕 5) 8월 신라의 문무왕과 유인원, 부여융이 취리산에서 단을 쌓고 백마를 죽여 하늘과 땅의 신 및 산천의 신에게 제사를 지내고, 그 피를 회맹인들의 입에 발라서(마셔서) 맹세하고, 제물은 제단의 북쪽 임지(壬地)에 묻었다는 내용을 전하는 것으로 요약할 수 있다.

이와 같은 제사나 맹약과 같은 의례에 관한 연구는 정신적인 측면과 관념적인 측면을 살피는 작업이므로 고고학에서 다루기 어려운 부분이지만, 최근의 발굴 성과를 통하여 의례 행위를 복원할 수 있도록 다양한 시도가 이루어지고 있다. 그러나 제·라 회맹이나 취리산과 관련된 문헌기록을 기초로 취리산의 정확한 위치를 판단하기에는 적 않은 어려움이 있다.

3) 취리산 회맹지에 대한 위치 비정

지금까지 취리산 회맹지에 대한 위치 비정은 산 이름으로 규정되어 있는 취리산[1]과 공산성에서 북서쪽으로 약 1km 내외의 거리에 위치한 연미산,[2] 대전광역시 동구와 대덕구 내에 걸쳐 있는 질티에 비정하는 설[3]이 제시되기도 하였다.

회맹지의 위치를 취리산(치미)으로 비정하는 견해는 비단 최근의 일은 아니다. 취리산은 이미 조선 초기부터 고적으로 취급되어 왔음이 『신증동국여지승람(新增東國與地勝覽)』을 비롯한 관련 기록에서 확인된다. 특히 『신증동국여지승람』의 공주목조에는 취리산의 위치를 구체적으로 적고 있어 주목되는데, 관련 내용을 옮기면 다음과

30

같다.

就利山 : 在州北六里 新羅文武王與勅使劉仁願熊津都督扶餘隆 同盟
　　　　于熊津之就利山……．『新增東國輿地勝覽』卷之十七 公州
　　　　牧 古蹟條.

이 기록을 통하여 확인되는 취리산 회맹지는 공주목에서 북쪽으로 6리의 거리에 해당하는데, 이 경우 현재 '공주생명과학고등학교' 뒤편에 취리산(치미)으로 불리는 곳이 가장 적합한 지역으로 판단하고 있다.

또한 1955년 공주군에서 발행한 『백제고도(百濟古都) 공주(公州)의 명승고적(名勝古跡)』에서는 당시 취리산을 정안천 서편의 공주군 우성면 쌍신리 전 공주농업학교 구지 뒤쪽의 고립한 산으로 추정하고 있다. 그 이유로 6·25 당시 참호 굴착지에서 많은 양의 토기편, 특히 용이 그려진 장경병 파편이 출토되었다고 전하는데, 구체적인 유물의 내용은 확인되지 않는다. 다만 이러한 정황으로 미루어 취리산(치미)이 제·라 회맹이 있었던 역사적 현장으로 지목되었다.

취리산 회맹지의 위치를 공산성에서 북서쪽으로 약 1km 내외의 거리에 위치한 연미산(취미산)으로 보는 견해는 이케우치 히로시(池內宏)의 논문에서 제시되었는데, 웅령(熊嶺)은 "공주읍 북에 솟아 있는 공산(公山)일 것이다"라고 했고, 또 취리산은 "공주 웅진도(熊津渡, 고마나루) 북안에 솟아 있는 연미산으로 추정된다"라고 하였다.

이러한 견해는 2001년 이한상·신영호의 논문에서 다시 한 번 제기되었다. 당시 연미산 정상부에 대한 지표조사를 통하여 연미산이 취리산 회맹처일 가능성을 제시한 바 있다. 즉 연미산 정상부에 남아 있는 축단의 축조 기법 가운데 석단 내부에 인위적으로 만든 소토와 목탄 덩어리가 혼입된 점토가 충전되어 있다. 이러한 기법은 통일신라 토성에서 흔히 관찰되는 것으로서, 많은 노동력이 소요되는 작업으로 국가나 그에 준하는 세력이 만들었을 것으로 추론하였다. 또한 축단 주변에서 출토된 유물과 더불어, 연미산의 지명이 취미산(鷲尾山)으로 명기된 점을 통한 언어학적인 검토 등을 시도하였다.

이 밖에 대전광역시 동구와 대덕구 내에 걸쳐 있는 질티에 비정하는 설은 문무왕의 「답설인귀서」에 보이는 "수위양계(遂爲兩界)"와 "화계입봉(畵界立封) 영위강계(永爲疆界)"라는 대목에 주목하였다. 즉 신라와 백제의 경계가 될 수 있는 지역으로서 대전시 가양동과 대덕군 동면 주산리·비룡리의 경계선을 이루는 능선인 '질티'를 취리산으로 지목하였다. 그러나 취리산은 웅진에 있는 것으로 보는 견해가 일반적이다.

3. 취리산유적의 고고학적 검토

앞장에서 살펴본 바와 같이 제·라 회맹처로서의 취리산에 대한 문제는 크게 공주의 금강 북쪽에 있는 취리산(치미, 기산)과 연미산(취미산)으로 압축될 수 있다. 취리산과 연미산은 금강의 북안에 위치한다는 공통점은 있으나, 남북으로 흐르는 정안천을 경계로 하여 일정한 거리를 두고 위치한다. 취리산은 지형상 해발 52.4m의 나지막한 구릉지대로 동쪽의 신관동 일대 능선과 연결되는 형상을 보이는 반면에, 연미산은 해발 239m의 높은 산림지대로 공주시의 곰나루

① 공주 지역과 취리산·연미산(출처 : Daum 위성사진)

② 공주시 항공사진(남에서)

[삽도 1] 공주 지역과 취리산·연미산 전경

맞은편에 위치한다. 이들 두 지역은 각각 지형에서 현저한 차이를 보이는 반면, 각각의 특성상 취리산 회맹지일 가능성을 배제할 수 없는 상태다.

이에 공주시에서는 두 지역에 대한 발굴(시굴)조사를 통하여 구체적인 유적의 존재상을 파악하고자 하였으며, 이에 대한 정밀조사는 공주대학교 박물관에서 1997년과 2008년에 각각 진행한 바 있다. 이들 지역에 대한 고고학적 조사성과를 정리하면 다음과 같다.

1) 1997년 '치리산(就利山, 치미)' 조사성과

(1) 현황

취리산은 행정구역상 충남 공주시 신관동 507-1번지로 구분되는 지역에 포함되어 있지만, 서쪽으로 쌍신동의 넓은 들에 접해 있는 관계로 쌍신동이라고 불리는 지역이기도 하다. 즉 이 지역은 '쌍신들'이라 불리는 금강변의 저지대에 속하는 곳으로, 해발 52.4m의 낮은 야산이다.

주변 지형을 중심으로 살펴보면 공주 중심부를 동서로 흐르는 금강의 북안에 자리하며, 현재 취리산의 동쪽에는 남북으로 흘러 금강에 합류하는 '정안천'이 흐르고 있다. 따라서 신관동과는 자연적으로 지형 단절이 이루어져 있는 상태지만, 옛 지형을 살펴보면 현재 취리산의 동쪽을 지나는 정안천이 원래는 취리산의 서쪽에 있는 '구하도' 쪽으로 지나는 것으로 확인된다. 즉 현재도 '쌍신들'과 취리산 사이에는 정안천의 '구하도'가 남아 있는 것으로 미루어 볼 때, 행정구역상 '신관동'에 속하는 것은 자연적인 지형·지리적 구분에 의해 이루어진

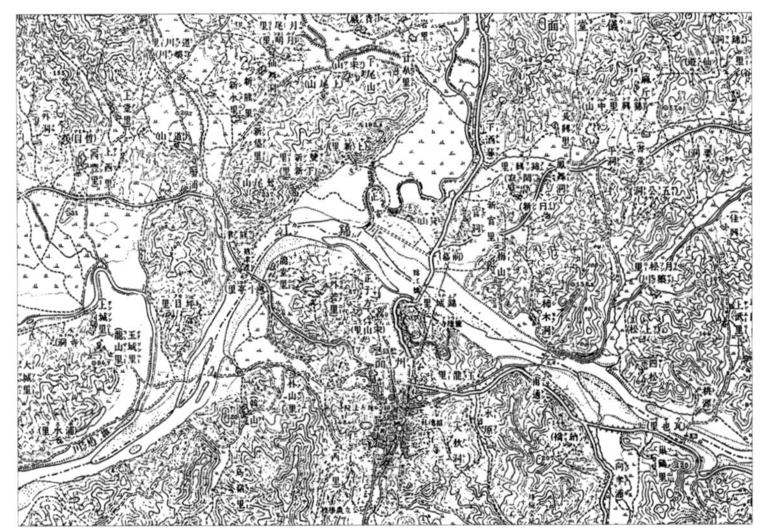

[삽도 2] 공주지역 지형도(일제강점기 제작)

것으로서, 이후 지형이 변화된 뒤에도 행정구역이 변하지 않은 것으로 판단된다.

이는 일제강점기에 작성된 지도를 통해서도 확인할 수 있는데, '정안천'이 현재 취리산의 북에서 서쪽으로 흐르고, 동쪽으로는 신관동의 구릉지대와 연결된 지형으로 확인된다. 다만 신관동 '전막' 지역과 취리산의 사이에는 공주–천안을 연결하는 도로가 있어서 지형이 인위적으로 단절된 형태다. 그리고 취리산의 서쪽에는 북동에서 남서쪽으로 길게 형성되어 있는 연미산 관련 산릉이 연결되어 북서쪽을 감싸고 있는 듯한 지형이다. 따라서 현재의 취리산 지형은 남으로는 금강의 북안, 서쪽과 북쪽으로는 넓은 개활지로 둘러싸인 섬과 같은 구릉이지만, '정안천'의 물길이 반듯이 정비되기 전까지는 동쪽의 신관동에 있는 능선에 인접해 있는 구릉의 형태였던 것으로 판단된다.

[삽도 3] 취리산(치미) 전경(출처 : Daum 위성사진)

현재는 해발 52.4m의 봉우리를 정점으로 북쪽이 높고 남쪽이 낮은 삼태기형 지형으로 남단부가 동−서 방향으로 넓게 퍼진 형상이다. 특히 북쪽 사면부는 가장 높은 정점에서 거의 절벽에 가까운 경사를 이루는 지형인 반면에, 남으로는 매우 완만한 경사지를 형성하고 있다. 능선의 남쪽 중앙부는 오목하게 패인 골짜기를 형성하고 있어, 동·서·북변의 능선이 남쪽 중앙부를 병풍처럼 감싸는 지형을 이루고 있다.

취리산에는 약 30년생 이상의 송림이 밀집된 형태로 들어차 있는 것으로 볼 때 계획적인 조림이 이루어진 것으로 판단된다. 이미 앞에서 살펴본 1955년 공주군 간행 책자를 통해서도 1950년 6·25 당시 곳곳에 참호가 들어서면서 지형 변화가 있었던 것으로 확인되며, 최근 취리산 동쪽에 위치한 신관동 일대에 대한 발굴 조사 과정에서 6·25 당시의 대규모 참호와 진지가 확인된 것으로 볼 때도, 취리산

[삽도 4] 취리산(치미) 주변 지형과 연미산

일대에 금강−정안천변의 대북 방어시설이 들어서 있었던 것으로
확인된다. 최근에는 문중의 종산(宗山)으로 인하여 남향사면 구릉
중·하단부 전체 지역에는 20여 기의 민묘가 조밀하게 자리하고 있다.
따라서 이와 같은 행위로 인하여 지표면의 훼손과 지형 변경이 적지
않게 이루어진 것으로 판단된다.

(2) 조사 내용

취리산은 문중의 종산에 해당하는 관계로, 능선 곳곳에 개장되어
있는 민묘 관련 범위에 대한 조사는 사실상 불가능한 상태였다. 1997
년 조사 당시의 목적이 취리산회맹과 관련된 '축단(築壇)' 시설 같은
관련 유적의 존재를 확인하고자 한 것이기 때문에, 유적의 존재 가능
성이 추정되는 능선 상부를 중심으로 주변 지역에 대한 조사를 함께
진행하였다. 조사의 진행은 동서−남북 방향으로 5m 간격의 그리드

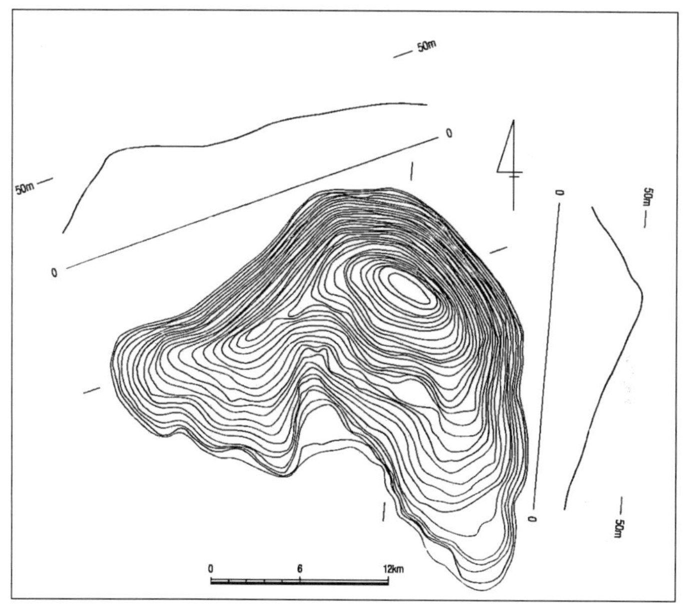

[삽도 5] 취리산(치미) 지형 현황도

를 설치하여, 조사가 가능한 지역에 대해서는 정밀조사를 행하였다. 그리드 내의 조사 트렌치는 1m 너비로 동-서간의 장축을 지니도록 하면서, 지형에 따라서 길이를 조정하였다.

조사 지역의 지질 및 토양은 화강암 부식토층이 기반토를 이루고 있는데, 전체적으로 지표면의 유실이 심하여 암반이 곳곳에 노출되어 있는 상태다. 표면의 퇴적토가 5~40cm 내외의 두께에 불과할 만큼 표면토 유실이 심하여 제토 범위는 그리 넓지 않았다. 전체 지역에 대한 조사 결과, 당초 취리산회맹 관련 석축단이나 시설의 존재를 추정하였던 예상과는 달리, 전체 조사 범위에서 매장유적인 고분이 밀집되어 있는 상황이 확인되었다.

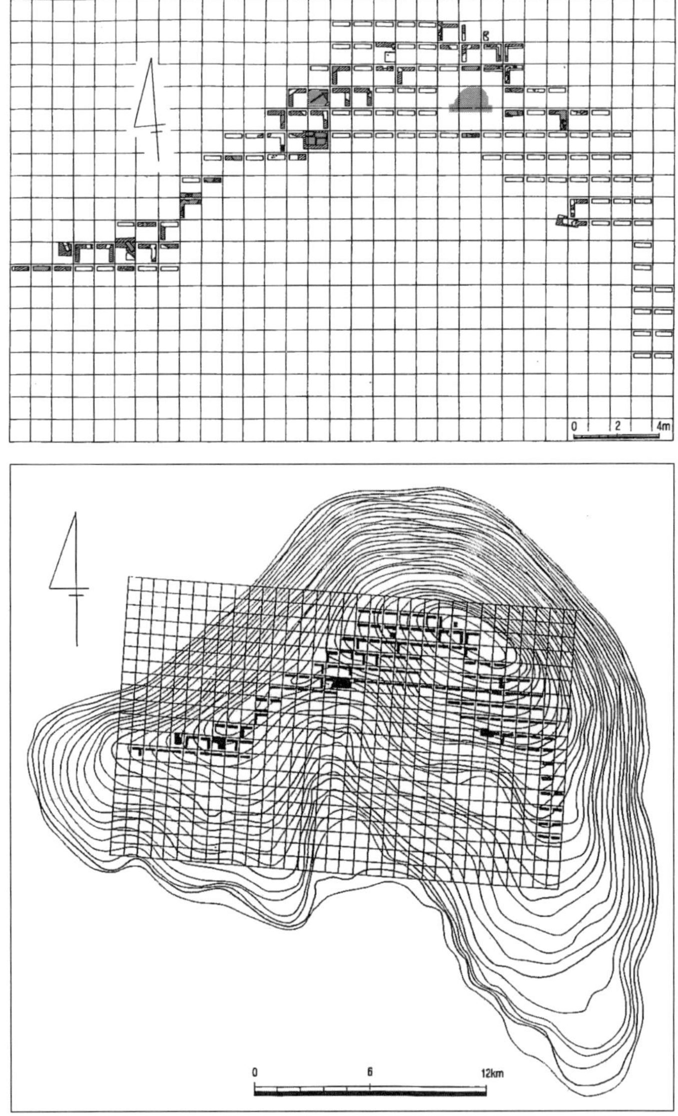

[삽도 6] 취리산(치미) 시굴조사 현황도(토광묘 석축묘)

[삽도 7] 취리산(치미) 토광묘 조사 현황 ①

전체 지역에서 노출된 유적은 분묘가 중심을 이루고 있는데, 시굴 조사 결과 토층의 변화라든가 유물의 노출로 확인된 유구의 흔적은 약 40여 지점에 해당한다. 유구는 아무런 시설이 확인되지 않는 토광과 석축 시설로 구분된다. 토광은 취리산 정상부를 기준으로 서남주한 능선의 남동향 사면 일대에 주로 분포하는데, 대부분 토광묘로 판단된다.

반면에 석축 시설은 정상부에 인접한 지역을 포함하여 남동주한 능선의 남서향 사면 중상단부에 분포하는 특징을 보이며, 바닥에 부석된 석재와 유물의 출토 상태 등으로 미루어 볼 때 석축묘로 추정할 수 있다.

토광으로 추정할 수 있는 흔적은 23개 지점인데, 일부는 전형적인

[삽도 8] 취리산(치미) 토광묘 조사 현황 ②

토광묘의 형상을 지니고 있는가 하면, 일부는 큰 규모를 지니고 있어 외형상 주거지의 형상으로 추정되는 것도 있다. 그러나 부분적으로 조사를 진행한 유구의 형상으로 미루어 볼 때, 큰 규모의 토광으로 확인된 유구도 토광묘와 같은 분묘일 가능성을 배제할 수 없다.

시굴조사 당시 노출된 윤곽 가운데 유물의 존재가 확인된 4기의 토광묘에 대해서는 전면 조사를 진행하였다. 토광묘는 대부분 남서쪽으로 흘러내린 능선의 남동향 사면부에서 조사되었는데, 토광목곽묘 1기와 토광목관묘 3기가 확인되었다. 토광목곽묘는 1호로 분류된 것인데, 원저광구호 4점과 재갈, 그리고 관정이 출토되었다. 토기는 모두 나팔상으로 외반된 광구를 갖추고 있는데, 무문으로 처리된 것이 3점이고, 1점은 종방향의 선조문이 시문되어 있다. 목관묘에서 출토된 유물은 모두 토기로, 원저호 3점과 뚜껑(蓋) 1점이 있다. 표면에는 무문으로 정면되거나 격자문, 승석문이 시문되어 있다.

조사된 토광묘의 현황으로 미루어 볼 때 취리산 정상부에서 서남주한 능선의 남동향 사면에서 확인된 토광의 경우 대부분 토광묘의 형태로 추정하는 것이 가능할 것으로 판단된다. 토광묘의 장축은 주로 등고선 방향을 따라 두고 있는데, 이와 비교 가능한 자료로는 공주 수촌리, 천안 용원리 등의 유적이 있다. 특히 이 두 유적의 경우 취리산에서 출토된 유물과 비교 가능한 기종 구성을 갖추고 있는 것으로, 취리산 토광묘의 연대를 추정하는 데에도 참고가 될 수 있을 것으로 판단된다.

석축묘로 추정되는 석축 시설은 모두 8개 지점에서 확인되는데, 일부 바닥 석재로 강돌을 이용하여 축조한 형태도 확인된다. 그러나 석축묘의 경우는 대부분 하단부만 남기고 있어 지표면 유실로 인한 훼손 정도가 매우 심하다는 것을 알 수 있다. 이 밖에 성격을 알 수 없는 흔적도 10여 지점에 이르는데, 주민의 전언과 기록에 취리산 일대에 6·25 당시 참호가 굴착된 내용에 비추어 볼 때 일부 성격을 알 수 없는 흔적 가운데 참호의 존재도 추정할 수 있다. 다만 참호의 경우 성격상 능선 상부나 주변을 경계할 수 있는 곳에 위치할 뿐만 아니라, 최근 취리산의 동쪽으로 서로 마주보는 능선에 해당하는 신관동 '관골'의 능선에서 6·25 당시 대규모 작전 참호가 조사된 것으로 미루어 볼 때, 취리산의 능선 상부가 아닌 남향 사면부에서 조사된 토광은 참호일 가능성이 희박할 수 있다.

석축묘는 대부분 자연석재를 이용하여 벽석을 축조하고, 바닥에 강돌을 부석한 형태로 확인된다. S2E1 그리드 주변에서 확인된 석축묘의 경우 내부에서 꺽쇠와 관정이 출토되었고, 토기류로는 배(杯)와 파상문이 시문된 토기편, 그리고 복원 구경 57cm에 높이 4cm의 대각이 부착된 반(盤) 형태의 토기가 있다.

이미 앞에서 살핀 바와 같이 석축묘는 남서향 사면을 중심으로 분포하는 특징을 보이는데, S2E1 그리드 일대에서 확인된 석축묘의

① 석곽묘 조사 근경

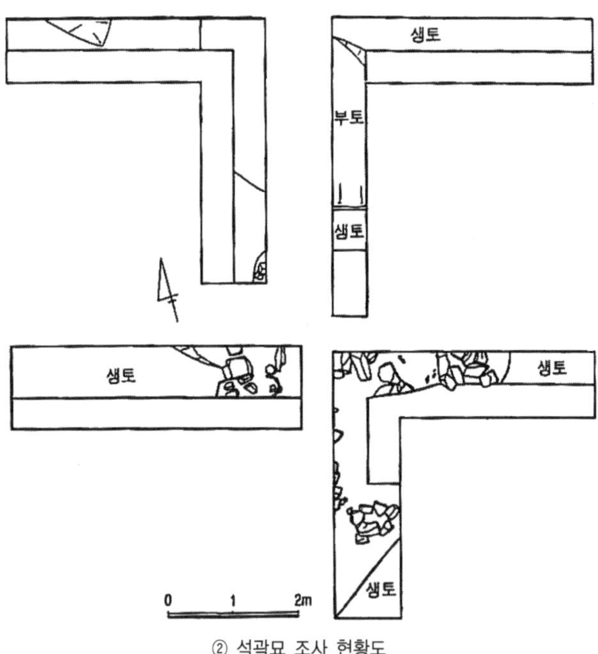

② 석곽묘 조사 현황도

[삽도 9] 취리산(치미) 석곽묘 조사 현황

[삽도 10] 취리산(치미) 석곽묘 조사 현황 ③ (꺾쇠 노출 상태)

경우는 산 정상부에 인접한 곳이기도 하다. 물론 인접한 곳에 민묘가 들어서 있는 관계로 유구 조사는 진행하지 못했으나, 묘의 위쪽에 해당하는 곳에서 석축묘의 존재가 확인된 점은 주목된다.

시굴조사 이후 취리산 전체에 대한 지표조사를 별도로 진행하였다. 지표조사에서는 취리산의 정상부에 인접한 남서향 사면부에서 통일신라시대의 장골용기로 추정되는 유개완(有蓋盌) 1조가 수습되었다. 유물이 출토된 지역은 취리산의 최상단부에 위치한 민묘의 동쪽에 인접한 곳인데, 시굴조사 당시 주변에서 석축묘의 존재가 확인된 바 있다. 지표조사를 통하여 수습된 토기는 소나무 등걸의 아래쪽에 박혀 있는 듯한 형상으로 노출되었는데, 위치로 미루어 볼 때 1997년 시굴조사 당시에 민묘와 인접한 곳으로 트렌치 조사가 이루어지지 않은 곳으로 확인된다.

유개완은 뚜껑이 덮여 있는 상태로 확인되었는데, 뚜껑 개신부의 형태는 철자형으로, 개신의 구연부 안쪽 드림턱이 상당 부분 퇴화된

[삽도 11] 취리산(치미) 석곽묘 노출 상태

형태로 확인된다. 따라서 구연부의 형태는 入자형의 안턱이 퇴화한 'ㄱ'자형에 가까운 형태다. 뚜껑의 정부에는 꼭지가 부착되어 있는데, 굽 형태로 꼭지 단부의 장식이 없이 직선으로 처리되며 단면 폭이 좁아져 있는 형태다. 개신 상부에는 1~2cm 간격으로 꼭지 부분에서부터 나팔상으로 벌어지는 종방향의 점열문(縱長點列文)이 시문되어 있다. 규모는 높이 5cm, 구경 14.7cm, 뚜껑 꼭지 지름 2.6cm, 신부 깊이 3.2cm다.

완은 낮은 굽이 달려 있는 형태인데, 구연부 전체가 확연히 외반하고 있으며 외반된 구연단의 기벽이 날렵하게 처리되었다. 동체는 하단이 좁아지면서 구연부가 넓게 바라진 형태를 하고 있으며, 표면에는 전체적으로 횡방향의 회전물손질 정면에 의해 무문으로 처리되어 있다. 굽은 형태가 직선적인 것이 특징인데, 접지면의 안턱이 약간 들려 있으나 수평에 가까운 형태다. 높이 7.9cm, 구경 14.6cm, 저경 7.1cm, 신부 깊이 6cm다.

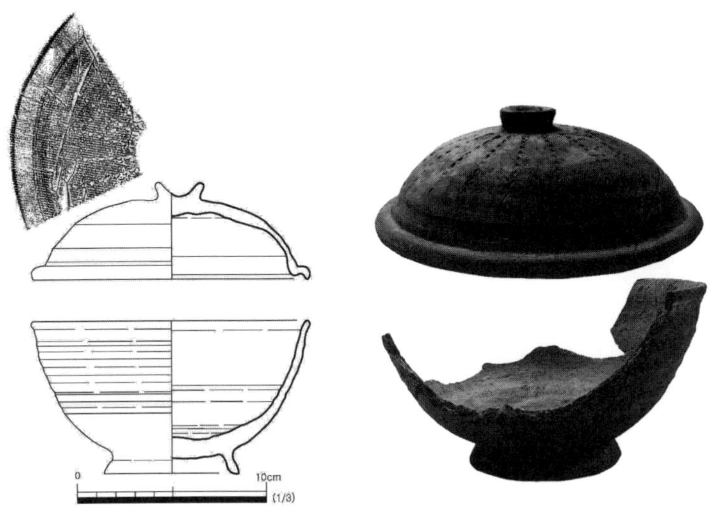

[삽도 12] 취리산(치미) 지표수습 유개완(有蓋盌)

　이와 같은 장골용기 형태의 유개완이 대량으로 출토된 지역으로는 취리산에서도 금강을 사이에 두고 마주보이는 정지산이 있다. 이 정지산 유적은 웅진도읍기 왕실의 빈소가 있었던 곳으로 추정되는데, 이후 19기의 화장묘가 들어섰으며, 지표수습 화장용기도 다수인 것으로 미루어 볼 때 더 많았을 것으로 추정된다. 정지산 2호 화장용기의 뚜껑과 14호 화장용기는 취리산 출토 용기와 비교 가능한 것으로, 토기의 기형으로 미루어 볼 때 8세기대에 해당하는 것으로 추정된다. 따라서 취리산회맹 당시의 유물과는 직접적인 관련성이 없을 가능성이 높다. 그러나 백제 멸망 이후에도 이 지역에 매장 행위가 이루어진 점으로 미루어 볼 때, 이 지역에 대한 관심이 지속적으로 유지되었을 가능성을 배제할 수 없다.

　조사 결과 취리산에서 발굴조사를 통하여 확인된 매장유적의 경우,

46

토광묘와 석축묘가 지속적으로 조성된 것으로 추정된다. 즉 앞에서 비교한 공주 수촌리와 천안 용원리 유적의 경우도 토광묘 조성집단 내에 석축묘가 들어서는 모습이 확인되는데, 취리산 석축묘 출토유물의 존재로 미루어 볼 때 5세기대를 전후한 웅진 천도 이후에도 조성되었을 것으로 추정된다. 따라서 취리산(치미) 일대의 남향·남서향 사면부 일대는 웅진 천도 이전부터 이후에 이르기까지 지속적으로 분묘 조성이 이루어졌던 묘역으로 판단된다.

시굴조사를 통하여 취리산회맹과 관련이 있을 축단 시설이라든가 관련 유물의 존재를 구체적으로 확인할 수는 없었다. 회맹의 특성상 단(壇)을 구축하였을 경우, 주로 능선 상부에서 이루어졌을 가능성이 추정된다. 이는 앞에서 살펴본 바와 같이『삼국사기』권6 신라본기 제6의 문무왕 5년(665) 8월조의 “매생폐어단지임지(埋牲幣於壇之壬地)”와『삼국사기』권7 신라본기 제7의 문무왕 11년(671) 7월조의 “취리산축단(就利山築壇)”에서와 같이 구체적으로 축단(築壇)의 정황이 파악된다.

그러나 현재 취리산 정상부는 너비 10m 내외의 좁은 면적으로, 2007년 12월에 설치해 놓은 지적 삼각점이 위치한다. 정상부의 남쪽 하단부에는 민묘가 개장되어 있어 인위적인 지형 훼손이 이루어진 상태다. 중국 고례(古禮)에 따르면, 회맹 시에 축조되는 단은 사방 300보 되는 흙담[土牆] 가운데 높이 4척, 폭 96척의 단을 3단으로 만들어, 단상의 남쪽에 방명(方明)을 안치하고 사맹(司盟)과 맹약하는 제후가 모두 단상에서 북쪽을 바라보며 맹약을 한다고 하는 것으로 보아, 취리산회맹단의 구조도 이를 참고할 경우 일정한 면적이 요구된다고 할 수 있다.

따라서 축단의 특성상 정상부에 조성되거나 정상부에 인접한 곳에 관련 시설이 존재할 가능성을 상정할 경우, 현재 취리산(치미)의 정상부 일대는 축단(築壇)에 필요한 면적이 상당히 좁다는 한계가 있다. 물론 정상부에서 남서쪽으로 흘러내린 능선의 일부분에는 민묘가 넓은 면적을 차지하며 조성되어 있어 구체적으로 확인할 수 없다는 한계가 있다.

현 취리산(치미)의 제·라 회맹지 가능성에 대한 문제는 여러 가지 측면에서 접근이 가능하다. 우선 무덤군이 지속적으로 조성되어 있는 지역을 회맹지로 선정했겠는가라는 부분이다. 물론 정지산의 경우도 빈소를 조성하는 데 있어서, 5세기 후반부터 6세기 초까지의 취락이 분포하고 있는 지역을 정지한 후에 조성하였으므로, 이와 같은 매장유적과의 중복 입지 가능성이 전혀 없는 것은 아니다.

또한 취리산 내에는 웅진 천도 이전부터 천도 이후에 이르기까지의 5세기대 무덤이 조성되고 있는 점으로 미루어 볼 때, 취리산 일대가 금강변의 저지대에 해당함에도 불구하고 접근성이 양호했을 가능성을 상정해 볼 수 있다. 이는 현재의 정안천 수로가 취리산의 동쪽이 아니라 서쪽의 '구하도' 일대로 흘렀던 점을 감안할 경우 취리산의 입지가 정안천의 퇴적 사면과 공격 사면에 모두 해당하는 점과, 동쪽으로 신관동 '전막'과 '관골' 지역과 지형상으로 연결되어 있는 구릉 말단부의 돌출구릉으로 이해할 수 있을 것이다. 따라서 현재의 상황보다는 당시의 접근성이 양호했을 것으로 추정할 수 있는 반면에, 지역적인 독립성은 현재보다 약했을 것으로 판단된다.

이러한 상황을 전제로 할 경우 취리산이 제·라 회맹지로 이용되었을 가능성이 전혀 없는 것은 아니다. 다만 이를 구체적으로 확증할 수 있는 시설은 확인하지 못했다. 기록상에서 확인되는 축단 시설이나, 기록에 나타난 바와 같이 제를 지낸 후에 매납한 유물의 존재 등은 개괄적 현황을 파악하는 시굴조사 단계에서 구체화하기 어렵다는 한계가 있다. 따라서 이에 대한 내용을 구체화하기 위해서는 대상 지역에 대한 전면 발굴조사를 토대로 성격을 구체화하여야 할 것으로 판단된다.

2) 2008년 '연미산(燕尾山, 鷲尾山)' 조사 성과

(1) 현황

연미산(취미산)은 취리산의 서쪽에 위치하는 해발 239m의 산으로, 현재 공주시가지에서 바라볼 경우 서북쪽 금강 대안에 위치한다. 동남쪽에서 흘러온 금강이 정지산을 휘감아 돌면서 급격히 남쪽으로 꺾이는데, 금강의 북안에 우뚝 솟아 있는 산이 바로 이 연미산이다. 현재 연미산의 중복(中腹)과 아래쪽으로는 36번 도로가 개설되어 도로와 터널이 시설되어 있다. 또한 연미산이 지역의 '자연미술공원'으로 적극 활용되면서 지역주민의 적극적인 관심과 이용이 증대되고 있는 곳이다.

연미산은 곰나루에서 북쪽으로 금강을 건너 곧바로 닿을 수 있는 곳으로, 일찍부터 공주시가지에서 서쪽의 청양·예산·아산으로 연결되는 등 교통로적 입지가 매우 양호한 지역에 해당한다. 주변의 지형을 살펴보면 연미산 줄기는 동북-서남 방향으로 길게 형성된 산능으로 이루어져 있으며, 연미산은 이 능선의 남서쪽 끝부분에 위치한다. 금강에 맞닿으면서 삼각형의 높은 산세를 이루고 있는데,

[삽도 13] 곰나루에서 본 연미산(취미산)

[삽도 14] 연미산(취미산)에서 바라본 공산성과 공주시가

[삽도 15] 공산성에서 본 연미산 전경

금강변에 면해 있는 관계로 다른 산보다 더욱 높아 보인다.

이미 앞에서 살펴본 바와 같이 연미산 정상부는 일찍부터 제·라 회맹이 이루어졌던 취리산으로 보는 견해가 이케우치 히로시(池內宏, 1934), 이병도(李丙燾, 1983), 이한상(李漢祥)·신영호(申英浩) (2001) 의 연구를 통하여 제기되어 왔다.

일부 지명에 '취미산(鷲尾山)'이라 기록되기도 할 뿐만 아니라, 산 정상부에서 주변을 조망하면 공산성을 비롯한 도성 주위와 주변의 중요 산성지대, 그리고 금강을 중심으로 한 백제의 주교통로의 현황 이 한눈에 들어오는 입지에 해당한다. 즉 북쪽으로는 수촌리 유적을 비롯한 오인리 산성과 율정리 산성 등이 보이고, 서쪽으로는 옥성리 토성과 단지리 토성, 남쪽으로는 웅진도성과 월성산 봉수대, 그리고 동쪽으로는 '취리산(치미)'과 공주시가지를 감싸 흐르는 금강의 흐름이 전체적으로 파악될 수 있을 정도로 입지상 매우 좋은 곳이다.

이에 연미산 정상부에 해당하는 공주시 우성면 신웅리 산 23-1번지 일원에 대한 발굴(시굴)조사는 2008년 12월 1일부터 2008년 12월 10일에 이르는 기간 동안 현황 조사를 진행한 바 있다. 조사 당시 연미산 정상부는 1,000㎡ 미만의 면적에 이르는 평탄지로 이루어져 있는데, 이미 민묘가 개장되어 있는 상태였다. 따라서 발굴(시굴)조사는 대상 지역 내에 위치하는 단(壇)의 존재 형태와 초축 연대, 단 내부 시설의 존재 유무를 확인한 후, 이를 기초로 취리산 회맹지의 존재 여부를 확인하는 방법으로 진행하였다.

(2) 조사 내용

조사 당시 연미산 정상부의 지형은 남북으로 길게 2단에 걸쳐 단이 조성되어 있었다. 우선 1차적으로는 민묘 조성의 과정에서 지형 훼손이 이루어진 단이라고 하기에는 지형상에서 정확하게 분리되는 것으로 보아 후대의 지형 변화는 아닌 것으로 파악하였다. 다만 정상부의 서쪽 부분은 근래까지 TV송신시설이 있다가 철거되어 그 흔적이 남아 있고, 그 옆에는 산불 감시 초소가 있는 것으로 보아 부분적으로는 2차적인 훼손이 이루어진 것으로 판단된다.

연미산 정상부는 평평한 지대를 이루고 있는데, 이 지대의 중앙부에 1기의 민묘가 들어서 있고, 그 주변에 석축 시설이 돌려져 있다. 석축과 민묘의 위치가 매우 정교하게 자리하기 때문에, 석축 시설이 민묘 조성을 위한 것으로 잘못 이해될 수도 있을 정도다. 그러나 묘주와 주민을 대상으로 탐문조사를 진행한 결과 민묘와 석축 시설은 직접적인 연관이 없는 것으로 확인되었다. 그리고 정상부에서 남쪽으

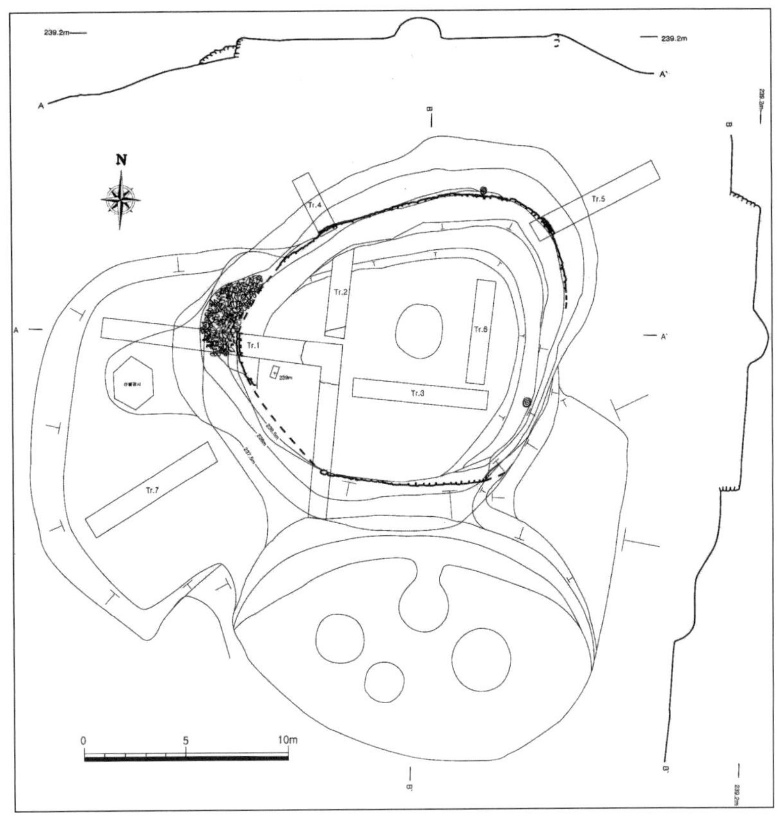

[삽도 16] 연미산 정상부 평판도

로 한 단 낮아진 지역에도 여러 기의 민묘가 들어서 있는데, 이 지역의 경계도 정상부와 남북 방향으로 나란히 단을 이루고 있는 지형으로 판단된다.

조사는 상단의 민묘와 주변의 석축 시설의 축조 관계를 파악하고, 석축의 현황을 구체적으로 확인하는 방법으로 진행하였다. 따라서 석축 시설을 중심으로 트렌치를 넣어 민묘와의 연관성이나 퇴적 상황

[삽도 17] 연미산 정상부 근경 ①

[삽도 18] 연미산 정상부 근경 ②

을 파악하고자 하였다. 트렌치는 조사지역 서쪽으로 석축 시설과 한 단 낮게 조성된 공지와의 연관성을 보기 위한 것과 북동쪽 부분의 조성 현황을 파악하기 위한 것, 민묘에 인접한 정상부 평탄지대와 석축의 관계를 파악하기 위한 것, 그리고 내부의 퇴적 상황을 파악하기 위한 것으로 구분하여 전체 범위에 대한 정밀조사를 진행하였다.

① 석축 시설(석단)

석축 시설은 동서 방향으로 긴 타원형에 가까운 형태인데, 북동쪽으로 약간 돌출되어 있다. 즉 남쪽으로 약간 기울어져 있는 지형을 정지하여 부정형한 타원형에 가까운 형태로 조성하였다. 전체적으로는 자연지형을 최대한 이용하여 조성하였으며, 북동쪽의 일부 측면만 저지대에 대한 보축을 한 현황이 확인된다. 현황 조사 결과 민묘와 석축은 별개의 시설로 확인되며, 석축 시설이 조성된 이후에 민묘가 들어선 것으로 판단된다.

석축 시설의 규모는 동서 길이 15.6m, 남북 너비 13.6m, 높이 60~170cm가 계측된다. 현재 동북쪽에서 약 170cm 높이의 석단이 확인되는 반면에 주변지역에서는 50~60cm 내외 높이로 석단이 확인된다.

조사를 통하여 확인된 석축 시설의 기초부는 지름 15~20cm 내외의 목재를 박아서 세우고, 이를 기준으로 그 안쪽에 기석(基石)을 놓은 후 축석하였으며, 기석 상면에는 점토다짐이 이루어져 있다. 목재의 바깥쪽은 구지표면 위쪽 너비 약 100cm 내외의 범위에 적갈색 소결토층이 확인되는 것으로 보아, 의도적으로 외곽에 불다짐 시설을 한 것으로 판단된다. 기석의 상면과 석축 시설 내부에 부석된 석재 주위에서 확인되는 점토의 경우, 일부 소결토와 목탄이 포함된 점토에 해당된다. 석축 시설의 구체적인 규모와 축석 기법은 정밀 조사가 이루어져야 될 것으로 판단된다.

석축 시설의 평단면을 살펴보면, 상면이 전체적으로 평평한 형태를 이루고 있다. 특히 측면의 석축 상태를 살펴보면 지형상 낮게 내려가는 북동쪽 모서리의 경우 석축을 높게 하여 약 170cm 정도가 계측되는 데 반하여, 지형상 구지표면이 높게 잘 남아 있는 지역의 경우 석축의 높이는 낮게 이루어져 있는 것이 확인된다. 특히 동쪽 사면부의 경우 정상부에서 경사를 이루고 있는 곳으로, 다른 지역에 비하여 석재를 이용한 보축이 많이 이루어졌을 뿐만 아니라, 석재 사이에 점토를 이용하여 보강한 흔적도 확인된다. 반면에 완만한 능선으로 연결된 남향 사면부의 경우 이 지역은 보축보다는 삭평을 통하여 석축면을 조성한 곳인데, 다른 지역에 비하여 석축 상태도 부실하고 낮게 확인된다. 따라서 전체 석축 시설의 수평을 유지하기 위하여 주변 지형에 따라서 석축의 높이와 보강법이 강화되었음을 알 수 있다.

석축 시설에 사용된 축석 재료는 30~50cm 내외 크기의 자연석재를 이용하였는데, 석축 상태는 정연하지 않으나 석축 사이의 공간은 점토를 충전하여 보강하였다. 그러나 하단의 일부분을 제외한 상당 부분은 훼손되어 후대에 보축한 것으로 판단된다. 따라서 후대에 훼손된 석축에서는 일부 백자편이 출토되지만, 석축 시설 기저부에 접해 있는 구지표면에서는 적갈색 연질의 발형토기편이 확인되었다. 그러나 석단의 초축 연대를 정확히 알 수 있는 유물은 확인되지 않았다.

[삽도 19] 서벽 축석상태 및 기저부 토층

　다만 석축 시설의 기저부에 접해 있는 구지표면에서 출토된 적갈색 연질의 발형토기편은 백제시대 이전의 유물로 판단된다. 특히 2001년 보고에서도 원형 점토대토기편이 출토되었다고 하는 것으로 보아, 연미산 정상부에 석축 시설 조성 이전 시기의 유적이 존재했을 가능성을 배제할 수 없다. 또한 2001년 보고 당시 주변에서 채집된 토기에 대한 편년을 통하여 통일신라 후기 이전으로 판단하기도 하였다.

　이상과 같이 연미산 정상부의 조사 내용을 살펴보았다. 평면 형태가 약간 부정형하여 시굴조사 단계에서 구체적인 형태는 알 수 없으나, 의도적으로 지형을 보강하여 상면을 평탄하게 조성하기 위한

[삽도 20] 남서벽 모서리 기저부 보강층 및 유물 출토 상태

석축 시설이 이루어졌음을 알 수 있다. 또한 일부 측벽의 석축이 각을 이루고 있는 것으로 미루어 볼 때 전체 평면 형태는 원형에 가까운 다각(多角) 구조를 갖추었을 것으로 판단된다. 그리고 이 석축 시설의 경우 상면에 존재하는 민묘와는 별개의 유구로서, 이전에 시설되었음을 알 수 있다. 유구 상면에서 노출된 백자편의 경우 후대에 유입된 것으로 판단된다.

연미산을 취리산 회맹지로 보는 견해는 위와 같이 의도적으로 조성한 석축 시설과 내부에서 출토된 유물의 연대를 기준으로 제시되고 있다. 그러나 입지상 공주의 북쪽이 아닌 북서쪽에 위치하고 있는 점, 그리고 높은 산지에 해당하며 공주시가지를 모두 조망할 수 있는 곳이라는 점을 들어서 봉수나 백제시대 웅진도성 방비를 위한 보루와 같은 시설이 존재했을 가능성도 일부 제시되고 있다. 다만 봉수의 경우 연미산 정상부에서 구체적인 흔적이 확인되지 않을 뿐만 아니라, 연미산에서 남동쪽으로 마주보는 거리에 있는 '월성산'이 북쪽의 '고등산' 쌍령산 봉수에 대응되는 것으로 볼 때 그 가능성은 희박하다고 판단된다.

또한 입지상 군사 관련 시설이 존재할 가능성이 높은 지역이라는 관점의 경우, 고대 산천 제사의 제장은 종교 신앙적 의미를 갖고 있는 것은 말할 나위도 없지만, 군사적 의미도 함께 가지고 있다고 보는 견해를 참고할 경우 시사하는 바가 크다. 즉 백제에서 신성한 지역으로 생각되었던 곳이면서 동시에 군사적·전략적으로 중요한 요충지로 볼 수 있는 연미산 정상부는, 그 이상의 종교 신앙적 의미도 함축하고 있을 가능성이 높으므로, 이 석축 시설에 대한 정밀조사가 이루어져야 될 것으로 판단된다.

② 내부 시설

석축 시설의 내부 중앙 지표상에는 민묘가 1기 자리하고 있다. 조사는 민묘를 피하여 외곽에 트렌치를 넣어서 내부 퇴적 상황을 확인하는 방법으로 진행하였다. 내부에서 확인되는 시설은 전체적으로 자연석재가 부석되어 있는 것으로, 그 상면에 적갈색 소결토층이 전체적으로 덮여 있는 형상이다. 전체적으로 석재를 이용하여 내부 채움을 한 것으로 판단되며, 출토 유물은 통일신라시대 초기의 인화문 토기편과 고려시대 토기편, 그리고 조선시대 백자 등으로 대부분 심하게 파손된 편이다.

인화문 토기편은 완의 기형으로 추정되는데, 도상으로 복원한 결

[**삽도 21**] 연미산 정상부 조사 현황

과 구경 13cm에 잔존 높이 2.8cm로 확인된다. 구연부 외측에 2중의 침선이 돌려져 있으며, 동체 표면에는 마제형문이 전면에 시문되어 있다. 마제형문이 연속으로 시문되는 경우는 6세기 중·후반에서 7세기대 신라토기에서 주로 확인되는 것으로 판단된다. 따라서 토기편의 존재로 미루어 볼 때 연미산 정상부의 내부 시설에 대하여 구체적인 확인 조사가 이루어져야 될 것으로 판단된다.

4. 맺음말

제·라 회맹지로서의 '취리산'은 역사적 기록을 구체화할 수 있는 유적지로서 주목되는 곳이다. 현재 취리산의 위치 비정에 대한 노력

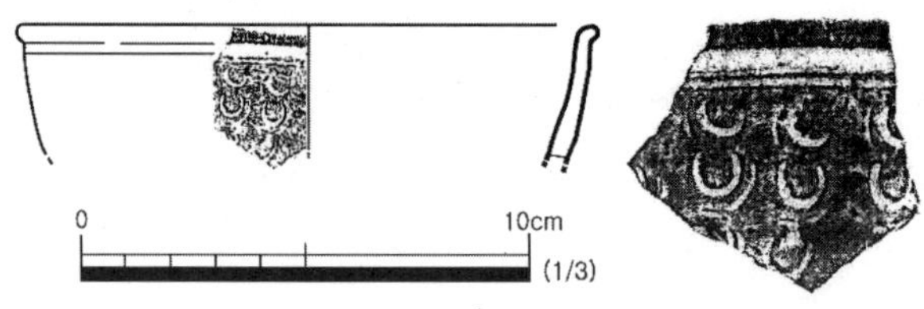

[삽도 22] 연미산 정상부 출토 인화문 토기편

에서 유력한 후보지로 집약된 곳은, 공주 금강 북안에 위치한 취리산(치미)과 서북쪽에 위치한 연미산(취미산)이 거론되어 왔다. 이에 그동안 이루어진 취리산(치미)과 연미산(취미산)에 대한 시굴조사 내용을 검토해 보았다.

조사 결과를 정리하면 1997년 시굴조사가 이루어진 취리산(치미)지역의 경우 지명이나 옛 지리지에 제·라 회맹지로서 취리산이라고 구체적으로 명기되어 있고, 지명에서도 명확하게 취리산으로 알려져 있는 곳이다. 다만 시굴조사 결과 회맹지와 관련된 축단 시설이나 관련 흔적은 확인하지 못하였고, 다만 웅진 도읍 전후의 백제시대 분묘유구가 밀집되어 있고 통일신라 후기의 화장용기인 유개완이 출토되었다.

2008년 시굴조사가 이루어진 연미산(취미산) 정상부의 경우도 제·라 회맹지의 유력한 후보지 가운데 하나로 제시된 곳이다. 해발 239m의 산 정상부에는 석축 시설이 확인되었으며, 이 석축 시설의 초축 시기는 구체화할 수 없으나 기저부와 주변에서 수습된 유물의 존재를 중심으로 백제시대 이전에도 유적이 존재한 지역으로 확인되었다. 또한 출토유물 가운데 일부 통일신라 후기 이전으로 볼 수 있는 토기편과 7세기대로 편년이 가능한 마제형 인화문이 시문된

완편(盌片)이 출토되었다. 그러나 시굴조사 단계에서 석축 시설의 형태를 구체화할 수 없을 뿐만 아니라, 내부에 민묘가 존재하는 관계로 석축 시설 상면의 안정층에 대한 조사가 불가능한 상태였다.

취리산(치미)과 연미산(취미산) 모두 제·라 회맹이 있기 이전의 유적이 존재했던 지역이다. 또한 이후에 통일신라시대 토기편이 유입되어 있는 지역이라는 점에서 상호 공통점이 간취된다. 따라서 본고에서는 시굴조사를 통하여 확인된 유적의 현황을 구체화하여 보고하는 데 만족하고자 한다. 물론 취리산(치미)과 연미산(취미산) 모두 공주에서의 접근성은 양호한 지역이다. 취리산(치미)의 경우 당시 지형은 정안천이 서편으로 흘렀기 때문에 신관동 일대와 지형상 연결되는 곳이었으므로 주변의 충적 저지대를 통한 접근 이외의 접근로가 있었을 것으로 판단된다. 연미산(취미산)도 곰나루와 직접적으로 마주보는 지역일 뿐만 아니라 교통로상에 해당하므로 연미산 남서쪽에 연결되어 있는 소하천을 통한 접근성이 매우 양호했을 것으로 판단된다.

그러나 1997년과 2008년에 이루어진 두 조사 모두 유적의 가능성에 대하여 현황을 파악하고자 했던 시굴조사이므로, 시굴조사 결과만으로 구체적인 유적의 성격이나 형태를 단정하는 것은 매우 위험한 사고로 판단된다. 따라서 보다 확실한 유적의 성격과 현황을 파악하기 위해서는 두 지역에 대한 정밀 발굴조사를 통하여 관련 유구를 확인해 보는 노력이 필요할 것으로 판단된다.

참고문헌

『三國史記』
『新增東國輿地勝覽』

金一出, 1949, 「春秋會盟論考」, 『歷史學硏究』 1, 歷史學會.

公州郡, 1955, 「二五. 就利山의 天祭壇址」, 『百濟古都 公州의 名勝古蹟』.

池憲英, 1967, 「熊嶺會盟・就利山會盟의 築壇位置에 對하여」, 『語文硏究』 5,
　　　　충남대학교문리과대학 어문연구회, 1~20쪽.

李丙燾 역주, 1983, 『三國史記(上)』, 乙酉文化社, 128쪽 주 20.

李南奭, 1998, 『濟・羅會盟址 就利山』, 公州大學校博物館・忠淸南道 公州市.

李漢祥・申英浩, 2001, 「鷲尾山石壇과 就利山築壇」, 『公州博物館紀要』 창간
　　　　호, 국립공주박물관, 157~166쪽.

박찬흥, 2006, 「665년 신라・백제・당나라의 취리산 회맹문」, 『내일을 여는
　　　　역사』 26, 233~244쪽.

최광식, 2007, 「백제의 산천제사」, 『百濟의 祭儀와 宗敎』, 충청남도 역사문화연
　　　　구원.

공주대학교박물관, 2008, 『연미산 정상부(就利山 會盟址 推定地) 문화재 발굴
　　　　(시굴)조사 개략보고』.

鄭雲龍, 2009, 「就利山會盟 前後 新羅의 對百濟 認識」, 『就利山 濟・羅 會盟壇址
　　　　의 조사 성과와 역사적 의의』, 2009년 한국고대학회 춘계 학술회의자
　　　　료, 한국고대학회.

池內宏, 1934, 「百濟滅亡後の動亂及び唐・羅・日の三國關係」, 『滿鮮地理歷史
　　　　硏究報告』 14, 東京帝國大學文學部.

布山和男, 1996, 「新羅文武王五年の會盟にみる新羅・唐關係」, 『駿台史學』 96,
　　　　日本 駿台史學會.

주_

1) 치미. 公州郡, 1955, 「二五. 就利山의 天祭壇址」, 『百濟古都 公州의 名勝古蹟』.

2) 취미산. 池內宏, 1934, 「百濟滅亡後の動亂及び唐·羅·日の三國關係」, 『滿鮮地理歷史硏究報告』 14, 東京帝國大學文學部 ; 李丙燾 역주, 1983, 『三國史記(上)』, 乙酉文化社 ; 李漢祥·申英浩, 2001, 「鷲尾山石壇과 就利山築壇」, 『公州博物館紀要』 창간호, 국립공주박물관.

3) 池憲英, 1967, 「熊嶺會盟·就利山會盟의 築壇位置에 對하여」, 『語文硏究』 5, 충남대학교문리과대학 어문연구회.

취리산회맹 전후 백제에 대한 신라의 인식

정 운 용 고려대학교 고고미술사학과 교수

1. 머리말

신라와 백제의 관계는 4세기 중·후반 고구려를 매개로 하여 본격적으로 전개되었다. 이즈음 한반도 중부 이남 지역에서 신라와 백제 관계는 평화적 교섭과 전쟁이 교차하는 과정을 겪었으며, 이러한 와중에 신라 내물왕(356~402)과 백제 근초고왕(346~375) 사이에 양국의 화친 관계가 복원되었다. 당시 백제는 고구려와 일진일퇴의 공방전을 벌이면서 가야 방면으로의 적극적 진출을 꾀하고 있었다. 따라서 신라로서는 백제의 활발한 군사 활동에 의구심을 갖거나, 가야 방면으로 진출해 오는 백제의 군사적 팽창에 상당한 경계심을 가졌으리라 보인다. 그렇기 때문에 이 시기 백제는 신라에 대한 우호를 다시 한 번 강조하고, 신라의 반발을 무마하고자 거듭해서 사신을 파견하며 화친을 도모하였다.

이 이후 5세기 들어 신라는 실성왕(402~417)과 눌지왕(417~458)의 시기에 고구려에게 군사적·정치적으로 종속적인 위치에 놓이게 되고, 백제는 고구려와 지속적인 전쟁을 겪게 되었다. 이러한 상황에서 신라와 백제는 고구려에 대한 대응의 일환으로 433년과 434년에 양국의 적극적인 우호 관계를 모색하게 되고, 결국 나제동맹(455~554)의 결성을 보게 되었다. 그러나 이와 같은 나제동맹은 삼국 관계에 임하는 신라의 입장 변화로 인하여 553년에 신라가 한강 하류 유역을 차지하고 554년에 관산성 전투에서 백제 성왕(523~554)을 살해함으로써 결렬되었다.

그에 따라 6세기 후반 신라와 백제 간에 군사적 충돌이 수차례 반복되었으며 결국 7세기 들어 삼국과 수·당 및 일본 세력이 동원되는 동아시아의 국제전을 야기하게 되었다. 그 결과 백제는 660년에 멸망하고, 그 부흥운동마저 나당연합군에 의해 좌절됨으로써 백제는 역사의 뒤안길로 사라지게 되었다. 기왕에 백제의 부흥운동을 다루는 과정에서 단편적으로 언급되어 온 665년 취리산회맹(就利山會盟)은 백제부흥운동이 종식되는 과정에서 신라와 백제 관계의 최종적인 정리에 해당하는 사건이었다.

이처럼 취리산회맹은 신라와 백제 및 당나라의 관계에서 상당한 의미를 갖고 있는 사건이다. 그러나 기왕에 이 회맹에 대한 직접적인 연구는 별로 눈에 띄지 않는다. 단지 취리산의 위치에 대한 고찰을 시도함으로써 회맹을 맺은 장소를 밝히는 것에 주목하여 왔다. 근래에도 공주대학교 박물관에서 현재 공주 지역에 위치한 취리산이 회맹지일 가능성을 염두에 두고 발굴조사를 진행한 바 있다. 또 국립공주박물관에서는 일제강점기 이래 주목되어 온 연미산(燕尾山)에 대한 지표조사를 행함으로써 돌로 쌓은 제단의 존재를 알 수 있게 되었다. 이러한 조사를 바탕으로, 최근 공주대학교 박물관에서는 연미산 정상부에 대한 시굴조사를 수행하여, 돌로 쌓은 제단의 존재 형태 및 제단 시설이 전체적으로 돌을 이용하여 내부를 채웠음을 확인하였다.

따라서 이 글은 5~6세기 신라와 백제 관계의 연장선 상에서 7세기 양국의 전쟁을 살펴보고, 해당 전쟁의 결과로 초래되는 취리산회맹의 성립 과정을 살펴보고자 한다. 이는 나당연합군에 의해 멸망해 버린 백제의 마지막 모습에 대한 정확한 이해를 도모함과 동시에, 아직까지 논란의 대상이 되고 있는 신라와 백제 사이의 회맹에 대한 역사적 의미를 도출해 보고자 함에서다. 이를 통해 취리산회맹 전후 시기에 신라가 백제에 대하여 가졌던 인식을 검토함으로써, 궁극적으로 당나라를 몰아내고 삼국을 통일할 수 있었던 신라의 상황에 대한 이해를 제고하고자 한다.

2. 7세기 신라의 백제 공략

백제와 고구려가 멸망하기 전까지 7세기 삼국 사이의 전쟁은 수·당 등의 중국 세력과 일본을 포함한 국제전의 양상을 띠고 전개되었다. 한반도 내에서는 신라나 백제에 대한 고구려의 공격이 본격화되었으며, 신라와 백제 사이의 전쟁 또한 전 방위에 걸쳐 치열하게 전개되었다. 7세기 들어 신라와 백제의 전쟁은 상호 승패를 주고받는 접전으로 전개되었으나, 김유신의 등장 이후 신라가 우위를 점하게 되었다. 이러한 양상을 보여주는 자료가 다음 사료 [가]다.

사료 [가]

① (602) 가을 8월에 국왕께서 군대를 출동시켜 신라 아막산성(일명

모산성이라 한다)을 포위하였다. 신라 진평왕이 정예 기병 수천 명을 보내 (우리를) 막아 싸웠다. 우리 군대가 (전세의) 유리함을 잃어 되돌아왔다. 신라가 소타성·외석성·천산성·옹잠성 등 4성을 쌓고 우리 영토를 핍박하여 쳐들어 왔다. 국왕께서 격노하시어 좌평 해수에게 명을 내려 보병과 기병 4만 명을 이끌고 (신라의) 그 4성에 진격하여 공격토록 하였다. …… 귀산 …… 추항 …… 아군이 패배하여 해수는 간신히 목숨을 부지하고 단신으로 귀환하였다. (『삼국사기』 권27 백제본기5 무왕 3년)

② (605) 가을 8월에 신라가 동쪽 변경을 침입하여 왔다. (『삼국사기』 권27 백제본기5 무왕 6년)

③ (611) 겨울 10월에 신라 가잠성을 포위하여 성주 찬덕을 살해하고 그 성을 파괴하였다. (『삼국사기』 권27 백제본기5 무왕 12년)
(611) 겨울 10월에 백제 군사가 와서 가잠성을 100일 동안 포위하였다. 현령 찬덕이 굳게 수비하였으나 힘이 다하여 살해당하고 성은 몰락 당했다. (『삼국사기』 권4 신라본기4 진평왕 33년)

④ (616) 달솔인 백기에게 명령을 내려 병력 8,000명을 이끌고 신라 모산성을 공격토록 하였다. (『삼국사기』 권27 백제본기5 무왕 17년)

⑤ (618) 신라 장군 변품 등이 와서 가잠성을 공격하여 빼앗았는데, 이때 (신라의) 혜론이 전사하였다. (『삼국사기』 권27 백제본기5 무왕 19년)

⑥ (623) 가을에 군대를 보내어 신라 늑노현을 침공하였다. (『삼국사기』 권27 백제본기5 무왕 24년)

⑦ (624) 겨울 10월에 신라의 속함·앵잠·기잠·봉잠·기현·용책 등 6성을 공격하여 빼앗았다. (『삼국사기』 권27 백제본기5 무왕 25년)

⑧ (626) 가을 8월에 군대를 보내어 신라 왕재성을 공격하여 성주인
  동소를 사로잡아 죽였다. (『삼국사기』 권27 백제본기5 무왕 27년)
  (626) 8월에 백제가 주재성을 공격하자 성주 동소가 막아 싸우다
  죽었다. 고허성을 쌓았다. (『삼국사기』 권4 신라본기4 진평왕 48
  년)

⑨ (627) 가을 7월에 국왕께서 장군 사걸에게 명령을 내려 신라 서쪽
  변경의 2성을 빼앗고 남녀 300여 명을 포로로 잡아왔다. 국왕께서
  신라에게 빼앗긴 땅을 수복하고자 크게 군대를 일으켜 나아가
  웅진에 주둔하였다. 신라 왕 진평이 이 말을 듣고 사신을 보내어
  당에 (사태의) 급박함을 알렸다. 국왕께서 이러한 말을 듣고 (전투
  준비를) 그만두었다. …… (『삼국사기』 권27 백제본기5 무왕 28년)

수나라가 중국을 통일하자 백제는 수나라에 사신을 보내어 고구려
를 비방하였다. 이에 덧붙여 수나라가 30만 대군을 동원하여 고구려
를 공격할 때 백제는 수나라에 연합작전을 제의하기도 하였다. 이에
고구려는 598년에 군대를 동원하여 백제를 공격하였다. 아울러 고구
려는 한수(漢水) 이북의 땅을 다시 차지하고자 신라 북한산성을 공격
하였으나, 진평왕(579~632)의 방어에 막혀 군대를 되돌렸다. 이러한
와중에 백제는 사료 [가-①처럼 신라 아막산성을 공격하였으나 실패
하였다. 이 전투 이후 오히려 신라가 소타성 등 4성을 축성하여 백제
영토를 위협하자, 백제가 4만 대군을 동원하여 신라가 축성한 지역을
공격하였다. 그러나 백제는 귀산·추항 등의 활약에 힘입은 신라에게
패배하고 말았다. 이때 귀산·추항 등은 화랑으로 생각되는데, 진흥
왕 때부터 육성되기 시작한 신라의 화랑이 삼국의 항쟁에서 전면에
등장하는 모습이 보인다.

이어 신라는 사료 [가]-②에서 백제의 동쪽 변경을 공격하였다. 그러나 이즈음 신라나 백제는 오히려 고구려의 공격으로 인하여 피해를 보고 있었다. 즉 신라는 608년에 고구려에게 북쪽 변경의 백성들을 약탈당하거나 우명산성을 빼앗겼으며, 백제 또한 607년에는 고구려에게 송산성과 석두성 등을 공격당하였다. 그런데 당시 고구려의 공격에 의한 피해는 백제보다 신라의 경우가 더 컸던 것으로 보인다. 이는 신라가 608년에 원광의 걸사표를 수나라에 보내어 고구려를 공격하기 위해 수나라의 지원을 요청한 데서 잘 나타난다.

이렇게 신라가 고구려의 공격에 시달릴 때, 백제는 사료 [가]-③처럼 신라의 가잠성을 공격하였다. 가잠성은 7세기 들어 신라와 백제의 주요 교전지로 등장한 곳이다. 즉 사료 [가]-③에서는 백제가 100일 동안 포위하여 함락시킬 정도로 가잠성의 중요도를 보여주는 반면, 사료 [가]-⑤에서는 신라가 혜론의 활약에 힘입어 가잠성을 탈환하는 모습을 보여준다. 이 가잠성과 함께 또 다른 주요 교전지로 보이는 곳이 사료 [가]-④와 사료 [가]-①에 등장하는 모산성이다.

가잠성과 모산성의 위치를 정확하게 판단하기는 곤란하다. 다만 6세기 후반에 백제의 신라에 대한 주요 공격이 신라의 서쪽 변경이었으며, 사료 [가]-②에서는 신라가 백제의 동쪽 변경을 침범하였다는 점을 고려할 때, 가잠성과 모산성 또한 신라의 서쪽, 백제의 동쪽 변경 지역에 위치했을 것으로 보인다. 그렇다면 결국 백제는 한성 지역으로의 진출보다는 소백산맥 이남의 신라 지역을 향한 공격에 주안을 두고 있었다고 보인다.

그런데 620년대에는 그 위치를 알 수 없는 사료 [가]-⑥의 늑노현에 대한 백제의 공격이 있었으며, 그 후 사료 [가]-⑦·⑧·⑨의 전쟁은 모두 백제의 승리로 이어졌다. 이때 사료 [가]-⑨의 경우는 백제의 공격 방향이 어느 곳을 향할 예정이었는지 알 수 없으나, 신라에게는 상당히 커다란 위협이었던 것으로 보인다. 당시 백제 무왕(600~641)은 신라를 공격하기 위해 웅진(熊津)으로 병력을 집결하였으며, 그러한 백제의 움직임에 놀란 신라는 당나라에 도움을 요청하였다. 그러나 건국 직후의 당나라는 고구려와의 공존을 모색하였기 때문에, 당나라로서는 신라나 백제에게 고구려와의 화친을 권유하는 등 삼국 사이의 항쟁에 개입하는 것을 원치 않았다.

그럼에도 불구하고 사료 [가]-⑨에서 볼 수 있듯이, 백제의 신라에 대한 공격 준비는 무산되었다. 그런데 이때 백제의 출정 이유는 신라에게 빼앗긴 땅을 되찾기 위한 것이었다. 물론 신라의 서쪽, 백제의 동쪽 변경에서도 영토의 출입은 있었을 것이지만, 당시까지 사료 상에 전하는 바로는 대군을 동원하여 국왕이 직접 출전할 만큼 많은 영토를 빼앗긴 바는 없다. 이 경우 신라에게 빼앗긴 영토는 아마 한성(漢城) 지역을 의미하는 것이라 파악된다. 즉 무왕은 한성을 되찾기 위해 웅진으로 나아가 주둔하였던 것이라 보인다. 그러나 백제의 이러한 계획은 당나라의 개입을 우려하여 무산되었다.

이 이후 백제의 공격은 다시 신라의 서변을 향한 것으로 판단된다. 이러한 모습은 사료 [나]를 통해 확인된다.

사료 [나]

① (632) 가을 7월에 병력을 동원하여 신라를 공격하였으나 이기지 못하였다. (『삼국사기』 권27 백제본기5 무왕 33년)
② (633) 가을 8월에 장수를 보내어 신라 서곡성을 공격토록 하여

13일 만에 빼앗았다. (『삼국사기』 권27 백제본기5 무왕 34년)

③ (636) 여름 5월에 국왕께서 장군 우소에게 명을 내려 갑옷 입은 군사 500명을 이끌고 가서 신라 독산성을 공격토록 하였다. 우소가 옥문곡에 이르러 해가 저물자 안장을 풀고 군사들을 쉬도록 하였다. …… 우소가 큰 바위 위에 올라가 활을 당기며 맞아 싸웠으나 화살이 떨어져 사로잡히고 말았다. (『삼국사기』 권27 백제본기5 무왕 37년)

④ (642) 가을 7월에 국왕께서 직접 병력을 이끌고 신라를 침범하여 미후성 등 40여 성을 함락하셨다. 8월에 장군 윤충을 보내어 병력 1만 명을 이끌고 신라 대야성을 공격하였다. 성주인 김품석과 처자들이 나와 항복하였다. 윤충은 그들을 모두 죽이고 그 머리를 베어 왕도로 보냈다. 남녀 1,000여 명을 사로잡아 나라의 서쪽 주·현에 나누어 거주하도록 하였다. 병력을 남겨 그 성을 지키도록 하였다. (『삼국사기』 권28 백제본기6 의자왕 2년)

⑤ (643) 겨울 11월에 국왕께서 고구려와 화친을 하여 신라 당항성을 빼앗아 (신라가 당나라에) 조공 들어가는 길을 막고자 계획을 세워 마침내 병력을 동원하여 당항성을 공격하였다. 신라 왕 만덕이 당나라에 사신을 보내어 구원을 요청하였다. 국왕께서 그 말을 듣고 병력을 되돌렸다. (『삼국사기』 권28 백제본기6 의자왕 3년)

이즈음 신라는 629년에 김유신이 고구려의 동쪽 변경인 낭비성을 공격하였는데, 고구려 군대의 기세를 이겨내며 5,000여 명을 살해하는 대승을 거두었다. 당시 신라가 고구려의 낭비성을 공격한 것은 한성 지역에 대한 방비를 강화하기 위한 것으로 이해된다. 그 결과 백제의 신라에 대한 공격은 다시 신라의 서쪽 변경을 향한 것으로

파악된다. 이러한 백제의 공격은 사료 [나-①이나 사료 [나-②와 마찬
가지로 일진일퇴를 거듭하고 있었다.

그런데 백제의 신라 서쪽 변경에 대한 지속적인 공격은 결국 소기
의 목적을 달성한 것으로 파악된다. 이것은 사료 [나-③에서 백제
군사가 신라의 수도인 경주 부근까지 진출할 수 있었다는 점에서
잘 드러난다. 사료 [나-③의 독산성은 한강 유역의 그것이 아니라
경주 부근의 별개 산성이라 보인다. 아울러 옥문곡은 바로 경주 외곽
에 위치하고 있다. 따라서 비록 신라에 대한 공격에는 실패하였으나,
이때 백제가 경주 부근에까지 이르러 매복할 수 있었던 것은 바로
끊임없이 신라의 서쪽 변경에 대한 공격 및 교통로의 확보에 기인한
것으로 파악된다.

이러한 백제의 기도가 성공적으로 귀결된 것이 바로 사료 [나-④의
대야성(합천) 공략이다. 이때 백제 의자왕(641~660)은 관산성 패전
이후 약화된 왕권을 강화하고자 귀족 40여 명을 섬으로 추방하는
대규모 정변을 일으켰다. 아울러 의자왕은 수·당과 연결하여 고구려
를 견제해 온 기왕의 정책을 버리고 친고구려의 입장을 취하였다.
그 결과 백제와 고구려 사이에는 상호 긴밀한 유착 관계가 성립된
듯하다. 이는 결국 의자왕의 대외정책에서 최대 관심사가 신라와의
전쟁이었으며, 시종일관 신라와의 전쟁에 초점을 맞추어 외치(外治)
를 지속시켰다는 특징을 갖게 된다.

이러한 상황에서 사료 [나-④처럼 백제는 신라에 대한 공격을 감행
하여 40여 성을 빼앗았으며, 나아가 대야성 공략을 통해 김춘추의
사위인 김품석 부부를 살해하였다. 아울러 대야성의 백성들을 백제
지역으로 사민(徙民)시키고, 백제 군대를 대야성에 주둔시켰다. 김품

석 부부의 사망은 김춘추나 신라 왕족에게 커다란 충격을 주었을 것이다. 이 사건의 충격은 554년 관산성 전투에서 백제 성왕이 신라에 의해 살해된 것과 마찬가지였을 것이라 생각된다. 아마 7세기 나·제 관계에서 신라의 백제에 대한 인식에 가장 커다란 영향을 준 것이 바로 이 사료 [나-④]라 생각된다. 또 사료 [나-⑤]에서처럼 백제와 고구려는 신라의 당항성을 빼앗고자 하였다. 이때 신라는 당나라에 구원을 요청하여 위기를 모면하였다.

이처럼 위기에 처한 신라는 김춘추를 고구려에 보내어 지원을 요청하였으나, 이미 백제와 연결되어 있던 고구려는 오히려 신라에게 죽령 이북의 땅을 돌려달라는 요구를 하며 신라의 지원 요청을 거부하였다. 결국 점증하는 백제와 고구려의 압력에 처한 신라는 당나라와의 관계를 긴밀하게 하는 것 이외에는 달리 방법이 없었다. 아울러 당나라 또한 고구려의 강력한 대응으로 군사적 좌절을 맛보면서 신라와의 연합 필요성을 절감했던 것으로 보인다.

이러한 상황은 사료 [다-①]에서처럼 신라 김유신이 백제와의 전쟁에 적극 개입함으로써 극복되기 시작하였다.

사료 [다]

① (644) 가을 9월에 신라 장군 김유신이 병력을 이끌고 와 공격하여 7성을 빼앗았다. (『삼국사기』 권28 백제본기6 의자왕 4년)

② (645) 여름 5월에 국왕께서 (당나라) 태종이 직접 고구려를 공격하며 신라 병력을 동원한다는 말을 듣고, 그 틈을 타서 신라의 7성을 습격하여 빼앗았다. 신라는 장군 김유신을 보내어 (우리를) 공격해 왔다. (『삼국사기』 권28 백제본기6 의자왕 5년)

(645) 여름 5월에 (당나라) 태종이 직접 고구려를 정벌할 때 국왕께서 병력 3만 명을 징발하여 도왔다. 백제가 (신라의) 빈 틈을 타서 습격하여 나라 서쪽의 7성을 빼앗았다. (『삼국사기』 권5 신라본기5 선덕왕 14년)

③ (647) 겨울 10월에 장군 의직이 보병과 기병 3,000명을 이끌고 신라 무산성 아래에 나아가 주둔하였다. 병력을 나누어 감물성과 동잠성 등 2성을 공격하였다. 신라 장군 김유신이 직접 날랜 병사를 이끌고 결사 항전하여 우리를 크게 격파하였다. (거의 전멸당하고) 의직은 단신으로 돌아왔다. (『삼국사기』 권28 백제본기6 의자왕 7년)

④ (648) 봄 3월에 의직이 신라 서쪽 요거성 등 10여 성을 습격하여 빼앗았다. 여름 4월에 옥문곡까지 진군하였는데, 신라 장군 김유신이 (우리를) 맞아 다시 싸워 (우리가) 크게 패배하였다. (『삼국사기』 권28 백제본기6 의자왕 8년)

⑤ (649) 가을 9월에 국왕께서 좌장 은상을 보내어 정예 병력 7,000명을 이끌고 신라 석토성 등 7성을 공격하여 빼앗았다. 신라 장군 (김)유신·진춘·천존·죽지 등이 우리를 맞아 싸웠다. (전세가) 불리하여 흩어진 병졸들을 모아 도살성 아래 주둔하고 다시 싸웠으나 우리 군대가 패배하였다. (『삼국사기』 권28 백제본기6 의자왕 9년)

(649) …… 이에 김유신 등이 진격하여 (백제를) 크게 패배시켰다. 장수 100명을 살해하였으며 군졸 8,980명을 살해하였다. 전투 말 1만 필을 빼앗았다. (빼앗은) 무기류의 경우는 이루 다 헤아릴 수 없을 정도였다. (『삼국사기』 권5 신라본기5 진덕왕 3년)

⑥ (655) 8월에 국왕께서 고구려와 말갈과 함께 신라 30여 성을 공격하여 빼앗았다. (『삼국사기』 권28 백제본기6 의자왕 15년)

⑦ (659) 장수를 보내어 신라의 독산성·동잠성 등 2성을 공격하였
다. (『삼국사기』 권28 백제본기6 의자왕 19년)

(659) 여름 4월에 백제가 여러 차례 국경을 침범하였다. 국왕께서
장차 백제를 공격하려 사신을 보내어 당나라에 들어가 병력을
요청하였다. (『삼국사기』 권5 신라본기5 무열왕 6년)

⑧ (660) ……또 당나라와 신라의 군대가 이미 백강과 탄현을 지났다
는 소식을 들었다. 장군 계백을 보내어 결사대 5,000명을 이끌고
황산으로 나가게 하였다. 신라 군사와 네 번 싸워 모두 이겼으나
병력이 부족하고 힘이 다하여 마침내는 패배하고 계백이 죽었
다.…… (『삼국사기』 권28 백제본기6 의자왕 20년)

사료 [다-①은 신라 김유신이 백제를 공격하여 7성을 빼앗은 사실
을 보여준다. 이것은 사료 [나-④에서 보았던 대야성 패전에 대한
보복의 성격을 띤 것으로 이해된다. 아울러 그 이듬해인 사료 [다-②에
서 신라가 당나라의 고구려 정벌에 군대를 보내어 돕는 것을 기화로,
백제가 신라를 공격하여 7성을 빼앗았다. 이때의 7성은 아마 사료
[다-①에서 신라가 빼앗은 7성을 백제가 되찾은 것이라 보인다. 당시
사료 [다-②의 백제본기에는 김유신이 7성을 되찾기 위해 백제를 공격
해 왔다고 되어 있으나, 그 상세한 결과는 전하지 않는다.

그 이후 사료 [다-③에서 볼 수 있듯이, 백제는 거듭해서 신라를
공격하였으나 김유신의 방어에 막혀 실패로 끝났다. 이러한 김유신의
활약은 사료 [다-④·⑤에서도 계속되어 백제의 공격을 막아 내고
있다. 이처럼 당시의 신라와 백제의 전투는 사료 [다-①을 제외하고는,
사료 [다-②·③·④·⑤ 모두 백제의 선제 공격으로 전쟁이 시작되어
결국은 김유신의 방어로 인하여 신라의 승리로 끝나고 있다. 특히

사료 [다]-⑤의 경우는 김유신의 활약에 의해 백제 장군 및 병사의 사망자 숫자가 9,000여 명에 이르고, 신라가 노획한 백제 군마가 1만 필에 달할 정도로 신라는 대승을 거두었다.

이처럼 640년대의 신라와 백제의 전쟁은 대부분 신라의 승리로 끝났다. 물론 신라 또한 공방전에서 많은 희생을 겪었을 것이다. 그러나 이때 신라는 백제와의 전쟁 과정에서 김춘추를 당나라에 보내어 지원을 요청하였다. 이때 몇 차례에 걸친 고구려와의 전쟁에서 실패를 경험했던 당나라는 백제를 멸망시킨 후 신라와 협공하여 고구려를 공격한다는 전략에 흥미를 갖고, 고구려보다 먼저 백제를 침공하는 것에 본격적으로 관심을 갖게 된 것으로 보인다. 반면에 백제는 이즈음 당나라와의 외교 관계를 단절한 채 국제관계의 변화에 제대로 대응하지 못하는 과오를 범하였다. 그 결과 사료 [다]-⑥에서 볼 수 있듯이, 고구려와 연합하여 신라를 공격하는 등, 지속적으로 고구려와의 유대 강화에 주안을 두고 있었다.

한편 신라는 사료 [다]-⑦에서 나타나듯이, 백제의 공격을 받자 오히려 장차 백제를 공격하고자 당나라에 병력을 요청하는 등 당나라와의 관계를 돈독히 하고 있었다. 그 결과가 바로 사료 [다]-⑧로 나타났다. 사료 [다]-⑧은 신라가 당나라와 연합하여 백제를 공격하는 것을 보여준다. 이것은 당나라 태종이 645년에 고구려 안시성 공격에서 대패하였음에도 불구하고 지속적으로 고구려만을 공격하던 정책에서 대거 방향을 바꾼 것이었다.

사료 [다]-⑧은 나당연합군의 김유신이 탄현을 넘어 황산벌(논산)에서 백제의 계백을 물리치고, 당나라 소정방이 기벌포에 상륙하여 백제 왕도인 사비성을 협공하는 모습을 보여준다. 이때 의자왕은 충신 성충의 조언을 무시하고 방어에 나섰다가 커다란 실패를 겪어야만 했다. 그것이 곧 백제의 멸망으로 귀결되었다.

이러한 대외관계뿐 아니라, 640년대부터 660년에 이르는 백제의 마지막 시기에 백제의 국내 정세를 살펴보면 당시 백제 왕권은 왕족과 측근 귀족 또는 인족(姻族)에 의한 친족적 색체가 짙은 편향된 왕족 정치를 행하고 있었다. 그로 인하여 왕권의 전제성이 강화되는 퇴행적 모순을 안게 되어 결국은 멸망의 한 요인이 되었다고 보인다. 반면에 신라의 입장에서는 7세기 이후 계속된 백제의 침략으로 상실한 영토를 회복하고 대야성 전투에서 희생당한 왕실 귀족집단의 원한을 갚고 수모를 설욕하고자 하는 복수심에서 백제를 침공했던 것으로, 개인적 비극을 국가적 불행사로 승화시켰다.

이렇게 당나라와 신라가 백제를 멸망시키자 왜(倭)는 그들이 일본 열도를 침입할 것이라는 극도의 위기 의식에 휩싸이게 된다. 이러한 와중에 그해 10월 백제부흥군이 구원을 청하자 왜는 백제부흥군을 도와 한반도에서 나당 연합세력을 저지할 것인지, 아니면 일본열도에서 나당연합군의 침공을 기다릴 것인지 양자 택일의 갈림길에 서게 된다.

이처럼 7세기 백제와 신라의 관계는 한강 유역을 둘러싼 6세기 후반의 상황과는 달리, 고구려는 물론 왜와 당나라를 포함하여 국제전의 양상을 띠고 전개되었다. 백제의 경우는 한때 신라를 공격하여 성공적인 결과를 얻기도 하였으나, 집권 세력인 의자왕의 국제 정세에 대한 판단 착오로 인하여 결국은 멸망의 길로 접어들었다. 신라가 동해안 방면으로 진출하고 가야 남부 해안 지역을 장악한 것은 수산자원의 획득은 물론 고대사회에서 전략 물자로 인식되어 온 철과 소금의 확보와 직결되어 있다고 이해할 수 있듯이, 결국 신라의 영역 확장 작업은 증대되는 농경지 수요와 노동력 확보라는 물적·인적 자원의 필요성에 기인한 것으로 이해된다. 이 과정에서 대야성 전투 결과 김품석 부부가 살해당하자 신라는 백제에 대하여 강한 적개심을 품게 되었을 것이다.

3. 취리산회맹의 성립

백제 멸망과 함께 의자왕의 항복을 받은 나당연합군은 사비성에서 커다란 잔치를 베풀고, 과거 신라 대야성 함락 과정에서 신라를 배신하였던 인물들을 처형하였다. 그러나 당나라의 백제 옛 땅에 대한 지배 계획은 백제부흥군의 저항으로 순조롭게 진행되지 못하였다. 당시 백제는 사비부성(泗沘府城)을 공략하여 당나라의 유인원(劉仁願)과 유인궤(劉仁軌)를 웅진성(熊津城)으로 몰아냈다. 이 과정에서 신라의 당나라에 대한 반감과 함께, 백제 멸망 이후 취리산회맹에 이르기까지의 과정을 살펴볼 수 있는 단서들이 사서에 전하고 있다. 이들 자료 중의 일부가 아래의 사료 [라]다.

사료 [라]

① (660) 김유신 등이 당나라 군대의 진영에 도착하자 소정방은 김유신 등이 약속보다 늦은 것을 이유로 신라의 독군인 김문영을 군문에서 목 베려 하였다. 김유신이 부하들에게 "(소정방) 대장군께서 황산의 전투를 보지 못한 채 (신라 군대가) 약속보다 늦게 도착한 것을 이유로 죄를 주시겠다지만, 나는 죄도 없이 욕을 당할 수는 없다. 반드시 먼저 당나라 군대와 결전을 치른 다음에 백제를

격파하겠다."고 말하였다. ……소정방이 이에 김문영의 죄를 (묻지 않고) 풀어주었다. (『삼국사기』 권5 신라본기5 무열왕 7년 7월)

② (660) 13일에 (백제) 의자왕이 측근 신하들을 이끌고 밤에 몰래 도망하여 웅진성에 의지하여 수비하였다. 의자왕의 아들 (부여) 융과 대좌평 천복 등이 (사비성을) 나와 항복하였다. 김법민은 융을 말 앞에 꿇어앉힌 뒤 얼굴에 침을 뱉고 꾸짖으며 "지난번에 너의 아비가 나의 누이를 억울하게 살해하여 감옥 안에 파묻은 적이 있었다. 그 일이 나로 하여금 20년 동안 마음 아프게 하고 근심토록 하였다. 오늘 너의 목숨은 내 손에 달렸다."라고 하였다. 융은 땅에 엎드려 아무말도 못하였다. 18일에 의자왕이 태자와 웅진방령군 등을 이끌고 웅진성으로부터 와서 항복하였다. (『삼국사기』 권5 신라본기5 무열왕 7년 7월)

③ (660) 2일 크게 술잔치를 베풀어 장군과 사졸들을 위로하였는데, (이때) 국왕과 소정방 및 여러 장군들은 당 위에 앉고, 의자왕과 그 아들 융은 당의 아래에 앉았다. 어떤 사람이 의자왕에게 술을 잔에 따르라 시키니, 백제의 좌평 등 여러 신하들이 목이 메어 울지 않는 사람이 없었다. (『삼국사기』 권5 신라본기5 무열왕 7년 8월)

④ (660) 이날 모척을 잡아 목을 베었다. 모척은 본래 신라 사람이었는데 백제로 도망하여 대야성의 검일과 함께 모의하여 (대야)성을 함락시켰기 때문에 목을 벤 것이다. 또 검일을 잡아 그 죄목을 일일이 세어 책망하면서 "네가 대야성에 있을 때 모척과 함께 모의하여 백제 병사를 끌어들여 창고를 불태워 버려 성 안의 식량을 바닥나게 하여 (대야성이) 패배토록 한 것이 죄의 하나이며, 김품석 부부를 위협하여 죽인 것이 죄의 두 번째이며, 백제와 함께 본국을 공격하여 온 것이 죄의 세 번째다."라고 하였다.

이에 (검일의) 사지를 찢어 그 시체를 강물에 던져버렸다. (『삼국
사기』 권5 신라본기5 무열왕 7년 8월)

사료 [라-①은 신라 군대가 소정방과 약속한 기일보다 다소 늦게
도착한 것을 꾸짖어, 소정방이 신라 김문영을 참살하려 하자 김유신
이 그에 대항하여 당나라 군사와의 일전을 불사하겠다는 의지를 표명
한 것이다. 김유신은 일차적으로 황산벌 전투의 어려움을 감안하지
않은 소정방의 문책에 대해 항의를 한 것이다. 그러나 김유신의 이
같은 반발은 향후 백제 옛 땅의 처리 문제를 놓고 일어난 당나라와의
마찰을 짐작케 해주는 것이기도 하다. 뒤에서 살펴볼 바와 같이, 그렇
기 때문에 당나라로서는 웅령맹약과 취리산회맹 등으로 신라의 입장
을 억제하려 한 것이라 판단된다.

사료 [라-②는 항복한 백제 태자 부여융을 자신의 말 앞에 꿇어앉힌
후, 신라 태자 김법민이 의자왕 때 백제가 대야성에서 자신의 누이를
살해한 일을 거론하면서 부여융의 얼굴에 침을 뱉는 모습을 보여준
다. 김법민은 대야성의 피해로 인하여 근 20여 년을 절치부심하였음
을 강조하였다. 즉 신라 왕족의 입장에서 백제 정벌은 자기 가문의
원한을 갚고자 하는 것이 가장 큰 이유 중의 하나였음을 드러내는
것이다.

그 이전 시기부터 신라와 백제는 전쟁과 평화라는 양면 관계를
지속적으로 유지하여 왔으며, 5세기 중반 이후 100여 년의 나제동맹
기간을 지냈었다. 나제동맹의 결렬은 결국 신라의 영토 확장 의욕에
기인한 것이었으며, 그 결과 백제는 관산성 전투에서 성왕의 전사라
는 피해를 입었었다. 백제의 이와 같은 아픔은 도외시한 채, 신라는

무열왕(654~661) 가문의 치욕만을 기억하면서 그에 대한 원한만을 강조하고 있다. 따라서 7세기 신라의 백제에 대한 인식 기조에 커다란 영향을 미친 것은 대야성 전투에서의 김품석 부부의 피살이었음을 염두에 두어야 할 것이다.

사료 [라]-③은 나당연합군의 승리 축하연에서 당하(堂下)에 앉아 술을 따라 올리는 의자왕의 모습에 백제 신하들이 비통함을 참을 수 없어했음을 보여준다. 이는 곧이어 전개될 백제부흥운동의 촉발 요인 중의 하나로 많이 지적하는 사료다.

사료 [라]-④는 대야성 함락 때 백제에 협조한 배신자 모척(毛尺)과 검일(黔日)을 처형한 내용이다. 이때 신라는 이 배신자들의 죄목을 나열하면서, 대야성이 함락될 때 이들이 백제에 협조한 것과, 김품석 부부를 죽음으로 몰아넣은 것 및 백제 병력을 인도하여 신라 국가에 대한 공격을 감행한 것 등을 주요 죄상으로 거론하였다. 그런데 김품석 부부의 피살이 국가에 대한 반역 행위 다음으로 주요한 죄목으로 지적된 사실이 주목된다. 당나라와 연합하여 백제를 공격하는 것을 국가적 사업으로 진행하고 있던 시점에서, 개인적인 원한 관계를 전면에 드러낼 수는 없는 것이지만, 그럼에도 불구하고 김품석 부부를 죽음으로 몰아넣은 것이 이들의 주요 죄목 중 하나였던 것이다. 이 또한 그만큼 신라 왕실의 입장에서 김품석 부부의 사망이 주는 충격이 컸었음을 보여준다.

이러한 자료와 함께, 이즈음 신라의 당나라에 대한 인식 또는 감정이 잘 드러나는 사료가 바로 백제가 멸망한 직후 당나라 임금이 왕문도(王文度)를 웅진도독으로 삼아 백제 지역으로 파견하면서 무열왕과 회동토록 한 대목이다.

사료 [마]

(660) 당 나라 황제가 좌위중랑장 왕문도를 보내어 웅진도독으로 삼았다. 28일에 삼년산성에 이르러 (당 황제의) 조서를 (우리 국왕께) 전달하였다. 왕문도는 동쪽을 향하여 서고 대왕께서는 서쪽을 향하여 서셨다. 황제의 명령을 전한 후에 왕문도는 (가져온) 선물을 풀어 국왕께 드리려 하였으나 갑자기 병이 나서 죽었다. (왕문도를) 따라온 사람이 (왕문도를) 대신하여 일을 마쳤다. (『삼국사기』 권5 신라본기5 무열왕 7년 9월)

위의 사료 [마]처럼, 백제 멸망 이후 당나라는 백제의 옛 땅에 대한 지배를 실현하기 위하여 660년 9월에 왕문도를 웅진도독으로 삼아 백제로 보냈다. 이때 왕문도는 신라 무열왕을 만나 당나라 임금의 조서를 전하였다. 그런데 그 만남에서 왕문도는 동쪽을 향해 서고, 무열왕은 서쪽을 향하여 섰다. 본래 중국의 예제(禮制) 관념에 따르면 종주국의 사신이 제후국의 국왕을 만날 때 상하 관계가 단적으로 시각화하여 드러난다. 즉, 군주와 신하 관계에서는 군주가 남쪽을 향하고 신하가 북쪽을 향하는 것이며, 빈객과 주인의 경우는 빈객이 동쪽을 향하고 주인이 서쪽을 향하는 것이다. 즉 왕문도와 무열왕은 중국적 예법에 의할 경우 각각 남면과 북면을 하여야 함에도 불구하고, 실제로는 동면과 서면을 하였던 것이다. 이는 무열왕의 입장에서 당나라의 압력에 적극 대항하려는 자세를 보인 것이라 판단되며, 그렇기 때문에 중국 사서에는 기록되지 않은 이 같은 내용이 『삼국사기』에 기록된 것이라 보인다. 이는 앞서 살펴본 사료 [라-①]의 김유신 경우와 마찬가지의 분위기를 느끼게 해준다.

이러한 분위기 아래에서 결국 나당연합군은 백제부흥군의 부흥운동을 일단 종식시킬 수 있었다. 그 이후 당나라의 강요에 의해 이루어지는 것이 이른바 664년의 웅령맹약과 665년의 취리산회맹이다. 본래 백제의 멸망이 나당연합군에 의해 이루어진 것이기는 하지만 백제에 대한 기득권은 신라에 있었으며, 취리산회맹은 백제를 멸망시킨 당나라의 한반도 지배 야욕이 구체화되는 과정에서 비롯된 것이었다.

현재 나제 회맹지(會盟地)인 취리산의 구체적인 위치는 불분명한 실정이다. 공주 지역에 대한 현지 조사 과정에서 현재의 공주 취리산이 회맹지로 추정되기도 하였다. 이는 현재의 공주 취리산이, 낮은 야산이지만 산 정상에 제사 시설을 갖추고 있는 정지산 유적의 맞은편에 위치하고 있기 때문에, 입지 조건을 보면 취리산 회맹지라 판단할 수도 있다. 그러나 구체적으로는 제단 등의 시설이 확인되지 않아 현재의 공주 취리산을 나제 회맹지로 판단하는 데는 어려움이 따른다.

그런데 최근 조사된 공주 연미산 지역에서 돌로 만든 제단이 발견된 바 있다. 즉 연미산 정상부에서 동남쪽으로 약간 기울어진 부정형의 방형 석단이 조사되었던 것이다. 이 석단은 높이가 약 170cm 정도인데, 석단의 기초부는 지름 15~20cm 내외의 목재를 기준으로 그 안쪽에 받침돌을 놓고 축석하였으며, 받침돌 윗면에는 점토다짐이 이루어져 있는데 외곽에는 의도적인 불다짐의 흔적이 있다. 아울러 당나라 때인 666년에 저술된 『천지서상지(天地瑞祥志)』에 취리산회맹을 언급하면서 취리산이라는 지명이 본래는 난산(亂山)이었는데, 회맹으로 인하여 개칭되었다고 전하는 대목을 참조하여 현재의 연미산이 취리산 회맹지였을 것으로 추정하기도 한다. 이에 덧붙여 '난(亂)'

과 소리가 같은 '난(難)'이 삼국시대에는 '높다'는 의미로 사용되었으며, 664년 웅령회맹의 '령(嶺)' 또한 높은 곳을 지칭한다는 점에 주목하여, 취리산 회맹지 또한 높은 산 꼭대기였을 가능성을 지적하면서 현재의 연미산을 취리산 회맹지로 파악하는 견해도 제기되었다.

이와 같은 논의의 대상인 취리산회맹은 결국 백제부흥운동이 종식된 시점에서 행하여질 수 있었다. 백제부흥운동은 신라와 당나라에 대한 백제 유민의 저항 운동이었다. 이 과정에서 당나라는 백제 옛 땅을 지배하기 위하여 '백제도호부'를 설치하였다. 의자왕이 항복 의례를 마친 것이 660년 8월 2일인데, 백제의 옛 땅을 5도독부 37주 250현으로 나누었다는 내용을 담은 「대당평백제국비명(大唐平百濟國碑銘)」이 8월 15일에 세워졌다는 것을 참작한다면, 당나라는 백제 정복을 위해 출정하기 이전에 이미 그러한 지배 계획을 마련해 두었다고 판단된다.

그러나 백제 옛 땅에 대한 신라와 당나라의 지배는 그리 철저하게 이루어지지 못하였다. 백제부흥군의 활동으로 말미암아 신라와 당나라의 백제 지배는 백제 도성이었던 사비성을 중심으로 그 일부 지역으로 국한되었을 뿐, 당나라가 계획했던 5도독부는 그 기능을 발휘하기 곤란한 상황이었다. 그 결과 백제부흥군을 진압한 이후 당나라는 백제 옛 땅에 대한 지배를 실현하기 위하여 신라에게 백제와의 회맹을 강요하였다. 그 최종적인 결과가 665년 8월의 취리산회맹이며, 그에 앞서 예비 회맹격으로 664년 2월(12월) 웅령맹약이 있었다. 아울러 이 두 번의 맹약은 당시 웅진도독부가 위치하고 있었던 웅진(현 공주)에서 개최되었다.

당나라는 백제부흥군을 진압한 후, 백제 유민(遺民)을 무마하기 위하여 포로로 당나라의 수도에까지 옮겨가 있던 부여융을 귀환시켜 웅진도독으로 삼았다. 이는 백제 유민을 편안하게 해주고, 또 백제 재건을 통해 신라를 견제하며 백제 옛 땅에 대한 신라의 권리 주장을 봉쇄하기 위해서였다. 본래 당나라는 백제 멸망 후 왕문도·유인원 등을 웅진도독으로 삼아 백제 지역에 대한 직접 지배를 관철시키며 고구려의 후방을 압박하고자 하였다. 그러나 백제 유민의 끈질긴 부흥운동으로 인하여 백제 옛 땅에 대한 지배정책을 크게 바꾸어, 부여융을 웅진도독으로 내세워 백제 지역을 당나라에 예속된 지역으로 지배하고자 한 것이었다. 따라서 당나라가 웅진도독부를 설치한 것은 백제 옛 땅이 신라 영토로 귀속되는 것을 저지하기 위해서였지, 결코 백제국을 부활시키려는 의도는 아니었다.

당나라는 664년 10월 유인원을 웅진도독부로 보냈는데, 이때 부여 융도 함께 귀환했을 것으로 생각된다. 이러한 점을 고려한다면, 부여 융이 신라와의 1차 맹약인 웅령맹약을 갖게 된 것은 『삼국사기』의 기록대로 664년 2월이 아니라 664년 12월로 여겨진다. 아울러 이때 부여융의 직책은 웅진도위였지만, 665년 신라 국왕과 회맹할 때는 웅진도독이 되어 있었다. 즉 당나라는 부여융을 웅진도독으로 격상시킨 후 신라와의 맹약을 다시 추진하였던 것이다.

이제 먼저 웅령(熊嶺)에서의 맹약에 관한 『삼국사기』의 기록을 살펴보기로 하자.

사료 [바]

① (664) 2월에 (국왕께서) 담당 관원에게 명령을 내려 (역대) 여러
  국왕의 무덤에 각각 20호씩 옮기도록 하였다. 각간 김인문과 이찬

천존, 그리고 당 나라 칙사 유인원과 백제 부여융이 웅진에서 함께 (화친하도록) 맹세를 하였다. (『삼국사기』 권6 신라본기6 문무왕 4년 2월)

② (671 : 664) "……(당나라의) 두 대부가 '(당 황제의) 칙명에 의하면 (백제를) 평정한 이후에 함께 맹회를 하라고 하셨는데, 임존성 하나가 아직 항복하지 않았으나 곧 함께 서로 맹세를 할 수 있을 것입니다.'라고 한 적이 있다. 신라 또한 칙명에 의하여 (백제를) 평정한 이후에 함께 맹회를 하려 하지만, 임존성이 아직 항복하지 않았기 때문에 (백제를) 평정했다고 말할 수 없다고 생각한다. 또 백제는 간사하기가 매우 많은 일의 실마리를 제공했으며, (약속했던 일을) 거듭 뒤집어 영원하지 못하니, 지금 비록 서로 함께 맹회를 한다 할지라도 훗날 막심한 후회를 할 우려가 걱정된다. (이에 백제와의) 맹세를 중단할 것을 삼가 요청하는 바다."라고 하였다. 인덕 원년에 이르러 다시 (당나라에서) 엄한 명령이 내려와 (백제와) 맹세를 하지 않은 것을 꾸짖자, (신라 국왕인 나는) 이미 웅령으로 사람을 보내어 (백제와 맹세를 할) 단을 쌓고 함께 맹세를 하고, 그 맹세가 이루어진 곳을 (신라와 백제의) 경계로 삼았다. 비록 (신라가) 바라는 바는 아니었으나 감히 (당나라의) 칙명을 어기지 못했던 것이다. (『삼국사기』 권7 신라본기7 문무왕 11년 7월 답설인귀서)

위의 사료 [바]-①에서 잘 드러나듯이, 웅령맹약의 경우『삼국사기』의 기록에는 '회맹(會盟)'이 아니라 '동맹(同盟)'으로 언급되어 있다. 그런데 비록『좌전(左傳)』의 기록 사례가 모두 일치하는 것은 아니지만,『좌전』의 용례에서 볼 수 있듯이 이때 '동맹'이란 '이(異)'를 복속시키는 것에 해당하며 궁극적으로는 군사적 강권에 두려워 복종한 맹약을 일컫는다. 물론 이 기사의 '동맹'은 새로 부임하는 웅진도독 부여융에게 당나라의 고종(649~683)이 '신라와 함께 화친할 것'을 명령한 것이며, 칙사 유인원을 증인으로 하여 신라 김인문과 부여융이 화친을 맹약한 것이라 파악하기도 한다.

한편 사료 [바]-②는 문무왕 11년 (671) 「답설인귀서(答薛仁貴書)」에 보이는 회고인데, 그 사건의 실제는 웅령맹약으로 664년의 일이다. 그런데 사료 [바]-②를 참조할 경우, 사료 [바]-①은 나당연합군이 백제를 평정한 직후 신라와 백제가 회맹을 가질 것을 당나라 임금이 미리 요구한 것이다. 그 시점이 언제인지는 불분명하지만, 당나라는 이미 백제 멸망 이후 해당 지역에 대한 처리 방침을 갖고 있었던 것이라 판단된다. 즉 신라와 백제가 '동맹'을 맺어 영원토록 화친할 것을 맹세한 다음, 백제 지역은 당나라 자신에게 예속된 행정단위로 편성하고자 한 것이라 보인다.

따라서 사료 [바]-②에서 보면 이 맹약은 당나라의 대부(大夫)인 두상(杜爽)이 당 임금의 칙령에 의해 강요한 것으로, 이 강요에 신라는 당에 대하여 반감을 갖게 됨으로써 결국 백제 멸망 이후 신라와 당나라 사이의 마찰이 시작되었다. 특히 이 맹약에서 "맹세가 이루어진 곳을 (신라와 백제의) 경계로 삼았다(仍於盟處 遂爲兩界)"라는 표현은 웅령맹약의 맹단(盟壇)을 신라와 백제의 경계로 한다는 것인데, 이는 신라가 지금의 공주 지역까지 차지하기로 한 것이라 판단된다. 그럼에도 당나라의 속셈은 백제를 자신에게 예속된 행정단위로 편성하는 것이었다.

그러나 사료 [바]-②를 통해 보면, 신라는 아직 임존성이 함락되지 않았다는 이유를 들어 직접적인 맹약에 소극적인 입장을 표출하였다. 오히려 신라의 입장에서 볼 때, 백제는 사기성이 높아 언제 그 입장을 뒤집을지 알 수 없다고 하였다. 그럼에도 불구하고 결국 신라는 그 이듬해에 당나라의 강요에 못 이겨 백제와 맹약을 맺는다. 단지 이때 맹약은 신라 문무왕의 동생인 김인문과 백제 의자왕의 태자였던 부여융 사이에 이루어진다. 사료 [바]-②에 의하면, 웅령에서의 맹약 때에도 맹세를 할 단(壇)을 쌓았다고 하지만, 문무왕 자신이 직접 맹약에 참여하지 않고 김인문을 보냈다는 것은 이 맹약을 의도적으로 개인 사이의 맹세인 사맹(私盟)의 성격을 띠도록 하고자 함이었다고 보인다. 그렇기 때문에 그 이듬해에 최종적으로 다시 취리산회맹이 있게 된 것이다.

사료 [사]

① (665) 가을 8월에 국왕과 (당나라의) 칙사 유인원, 웅진도독 부여융이 웅진 취리산에서 (화친을) 맹세했다. 이에 앞서 백제는 부여 장[무왕] 시절부터 고구려와 화친을 맺어 여러 차례 (우리 신라의) 강역을 침공하였다. 우리는 (당나라에) 사신을 파견하여 구원을 요청하였는데 (구원을 요청하는 사신의 왕래가) 서로 길에서 마주 볼 정도로 잦았다. 소정방이 이미 백제를 평정하고 군대를 회군함에 이르러, (백제의) 남은 무리들이 또다시 반란을 일으켰다. (이에) 국왕께서는 진수사인 유인원·유인궤 등과 함께 (백제를) 여러 해 동안 공격하여 평정하게 되었다. (당나라) 고종이 부여융에게 조서를 내려 (백제로) 돌아가 남은 무리들을 위로하게 하고, 우리 신라와 우호를 맺도록 하였다. 이때에 이르러 백마를 (희생으로) 죽여 맹세를 하였는데, 먼저 천지신과 천곡의 신께 제사를

지내고 그 이후에 (백마의) 피를 마셨다. (『삼국사기』권6 신라본기6 문무왕 5년 8월)

② (671) 또 (665년에) 취리산에 단을 쌓고 (당나라) 칙사 유인원을 상대로 (희생의) 피를 마시며 서로 맹세하기를, 산과 강으로 서약함으로써 경계를 그어 강역을 정하여 영원토록 경계를 삼아 백성들이 거주하며 각기 산업을 영위토록 하였다. (『삼국사기』권7 신라본기7 문무왕 11년 2월 답설인귀서)

③ (665) 그 맹문에 "지난날 백제의 선왕[무왕]이 거역할 때와 순종할 때를 잘 몰라 주변 나라와 우호를 돈독하게 하지 않고, 친척이나 인척과 화목하지도 않았다. (그래서) 고구려와 결탁하고 왜국과 교통하며, (그 나라들과) 함께 잔인하고 포악한 짓을 하여 신라를 침략하여 읍성을 파괴하고 성곽을 빼앗아, (신라로서는) 거의 평안한 나날이 없었다. 천자는 어떤 사물 하나라도 자기가 있을 곳을 잃는 것을 안타깝게 여기고, 죄 없는 백성을 불쌍히 여기어, 자주 사신을 보내어 (신라와 백제가) 화친을 하도록 하였다. (그러나 백제가) 지리의 험함과 거리의 먼 것을 믿고 하늘이 정한 도를 업신여기니, 황제가 대단히 화가 나서 삼가 (백제의) 임금을 토벌하여 (백제의) 백성을 위로하고자 하였다. (황제 군대의) 깃발이 향하는 곳마다 한 번 싸워 크게 평정하니, 진실로 (백제의) 궁궐이나 집을 (파괴하여) 웅덩이로 만들어 (백제의) 후손들에게 경계를 삼고, 또 (백제의) 근원을 막고 뿌리를 뽑아 (백제의) 후손에게 교훈을 보이고자 하였다. 그러나 '유순한 자를 품어주고 배반한 자를 토벌하는 것'은 앞 시대 여러 왕의 아름다운 모범이며, '망하는 자를 (다시) 일으켜주고 단절되는 자를 이어주는 것'은 옛 성인의 일상적인 규범이다. (따라서) 일을 할 때에는 반드시 옛 것을 본받아야 (그것이) 역사에 전할 것이다. 그렇기 때문에 옛 백제

대사가정경 부여융을 세워 웅진도독을 삼아 그 제사를 받들게 하고 옛 땅을 보전토록 하였다. (그러니 백제는) 신라와 서로 의지하여 오래도록 우방국이 되어 각기 옛 원한을 풀고, 우호를 맺어 화친할 것이며, 각각 (황제의) 명령을 받들어 길이 (당나라의) 번속이 되도록 하라. 그리고 사인 우위위장군 노성현공 유인원을 보내어 직접 와서 권유하도록 하여 (황제의) 뜻을 자세히 전달토록 하니, (신라와 백제는 서로 왕실의) 결혼을 약속하고 맹세를 거듭하여, 희생을 죽여 피를 마시고, 함께 처음부터 끝까지 돈독하고, 재난을 나누고 어려움에 도움을 주어, 마치 형제와 같이 은의가 있어야 할 것이다. 정성껏 (황제의) 명령을 받들어 감히 (황제의 뜻을) 잃어버리지 말 것이며, 맹세를 한 후에는 역경이나 어려운 세상을 함께 지키도록 하라. 만일 맹세를 어기고 약속을 위반하여 자주 변심함으로써 병력을 동원하여 변경을 침범할 경우에는, 신명이 내려다보고 온갖 재앙을 내려, 자손을 기르지 못하도록 하여 그 사직을 지키지 못하게 하고, 제사가 끊어지고 후손이 없도록 할 것이다. 그렇기 때문에 금서철권을 만들어 종묘에 보관토록 하니, 자손 만대에 감히 (이 맹세를) 어기지 말도록 하라. 신이여! (이 맹세를) 듣고 흠향하고 복을 주소서."라고 하였다. 이것은 유인궤가 지은 글이다. (희생의) 피를 마시는 것을 끝낸 뒤, 희생을 제단의 북쪽에 파묻고 그 글월은 우리나라 종묘에 보관하였다. 이에 유인궤는 우리 (신라) 사신과 백제·탐라·왜인 등 네 나라 사신을 데리고, 배를 타고 서쪽으로 돌아가 태산에서 함께 제사를 지냈다. (『삼국사기』 권6 신라본기6 문무왕 5년 8월)

현존하는 여러 사서 중 취리산회맹에 사용되었던 맹문(盟文)의 원문을 가장 정확하게 전하고 있는 것은 『천지서상지』라 생각된다. 또 사료 [새-①]처럼 취리산회맹에는 당나라 고종이 주체가 되어 유인원에게 전권을 위임하여 시행하였는데, 맹문에 당나라가 적극적으로 등장하지 않는 것은 회맹의 성립과 계약 사항의 주요 참석자가 신라와 백제이기 때문이다. 그리고 맹약 때 행하는 삽혈(歃血)은 맹약자 상호 간 정신적 결합을 형성하기 위한 방법이며, 이 경우 '삽(歃)'은 희생의 피를 입술에 바르거나 입에 머금었다 뱉는 것이 아니라, 분명하게 마시는 것을 의미한다.

아울러 사료 [새-③]에서 볼 수 있듯이, 회맹 문서의 형식이나 보관 방식 등 665년 취리산회맹의 기초가 되었던 것은 한(漢)나라 이후 당나라 초기까지 지속적으로 전해져 온 전통적인 방법의 답습이며, 결국 춘추전국시대의 패자(覇者)와 마찬가지로, 회맹을 매개로 하여 당나라가 자신을 중심으로 국제 질서를 정리하려 했던 것임을 알려준다. 그리고 사료 [새-②]에서 취리산회맹의 주목적이 "경계를 그어 강역을 정하여 영원토록 경계를 삼아(畫界立封 永爲疆界)"라는 표현에서 볼 수 있듯이, 그 맹세를 맺은 제단이 웅령맹약의 경우와 마찬가지로 신라와 백제의 국경선 상에 위치하여 있음을 알 수 있다.

본래 천자와 제후 사이의 회맹이 개인적 차원의 맹세와 차이를 갖는 것은 제단의 유무에 있으며, 맹약의 조문도 미리 작성해 두었다가 맹약을 주관하는 사맹(司盟)이 읽는데, 이러한 회맹 때 문서 내용의 작성은 큰 나라의 권한이었다. 즉 취리산회맹의 목적은 부여융을 웅진도독으로 삼아 제사를 받들게 하고 신라와는 이웃 나라가 되어 화친을 맺도록 함으로써, 당나라는 백제 옛 땅을 웅진도독부의 관할로 하여 신라와 각자의 영역을 존중토록 한 것이다. 그러나 이 맹약은 당나라와 신라의 문제였을 뿐, 당나라가 백제국을 재건한 것이라고는 말할 수 없다.

이 회맹을 계기로 백제 유민들은 부여융을 국왕으로 삼아 백제의 국권을 회복할 수 있게 된 것으로 믿었다. 반면에 신라는 당의 강권에 마지못해 백제와 회맹을 하였을 뿐, 백제의 실체를 인정하지 않으려는 태도를 보였다. 그 결과 신라는 백제 옛 땅을 지배하기 위하여 모종의 압력을 웅진도독부에 행사하였던 것으로 보인다.

그리고 신라에게 밀린 당나라는 676년에 웅진성의 웅진도독부를 요동의 건안성(建安城)으로, 평양의 안동도호부를 요동성(遼東城)으로 옮겼다. 신라는 그들이 목표로 하는 옛 백제 지역에 대한 실질적인 지배를 위해서 먼저 북쪽으로부터 예상되는 당나라의 압력을 막아줄 완충 세력을 필요로 했다. 결국 그로 인하여 검모잠을 비롯한 고구려 부흥운동 세력을 신라 변경 지역에 안치하였다. 이러한 신라의 노력은 671년 사비(泗沘)에 소부리주(所夫里州)를 설치함으로써 백제의 옛 땅에 대한 지배권을 확립하였다.

이처럼 취리산회맹을 앞두고 이루어졌던 웅령맹약은 백제와의 회맹을 강요하는 당나라의 압력을 회피하기 위한 신라의 대응이었다. 신라는 웅령맹약을 김인문과 백제 부여융 사이의 사맹 정도 수준으로 취급하고자 하였으나, 결국 당나라의 압력에 의해 취리산회맹을 맺을 수밖에 없게 되었다. 이 과정에서 당나라는 백제의 옛 땅을 자신에게 예속된 행정단위로 편성하고자 하는 의도를 강하게 표출하였다. 그러나 취리산회맹의 성립은 신라와 백제 모두가 원치 않았던 것으로, 결국 신라가 백제 옛 땅에서 당나라를 몰아냄으로써 신라 자신의 의지를 관철시킬 수 있었다.

4. 회맹 전후 백제에 대한 신라의 인식

대체적으로 보아, 2세기의 사신 교류 이후 7세기에 접어들기까지 신라와 백제의 관계는 전쟁과 평화의 지속적인 교차를 겪어야 했다. 이는 결국 고구려라는 매개 변수를 놓고, 신라와 백제가 자국의 생존과 이익을 위한 노력을 경주해야만 했던 상황에 기인한 것이다. 따라서 우리가 사서를 통해 파악할 수 있는 양국의 상호 인식 또한 결국 자국의 생존을 위해 경쟁에 임했던 양국 지배층의 그것에 국한될 수밖에 없는 것이 현실이다.

신라와 백제의 상호 인식을 이해할 수 있도록 자료를 제공해 주는 『삼국사기』의 경우는 그 대부분이 백제에 대한 신라의 불신으로 점철되어 있다. 이는 다분히 김부식을 비롯한 『삼국사기』 편찬자들의 신라사 중심 역사 인식에 기인한 바 크다고 생각된다. 양국 관계에서 신라가 백제를 불신하였다면, 상호 공방전과 교섭을 수행하였던 백제 또한 신라에 대한 불신이 컸을 수밖에 없으리라 생각되기 때문이다. 결국 신라와 백제의 각기 상대국에 대한 인식은 자국의 생존을 위한 국가적 필요성이 기준이 되어 작용했던 것이라 판단된다.

그런데 5세기 중반 고구려에 대한 방어전선을 구축한다는 점에서 볼 때, 신라와 백제의 관계는 상당히 긴밀했던 것으로 파악된다. 게다가 현재까지 확인된 5~6세기 양국의 물질문화 교류 양상을 통해 볼 때, 신라와 백제는 『삼국사기』에서 그리고 있는 관계보다 밀접한 양상을 드러내고 있다. 즉 6세기 초반에 제작되었다고 보이는 무령왕릉 출토 귀고리는 같은 시기 신라에서 제작되었다고 보이는 경주 황오리 34호 무덤 출토 귀고리, 경주 황남동 1호 무덤 출토 귀고리 및 대구 화원 성산 고분 출토 귀고리를 모델로 하고 있다고 추정된다.

특히 금동신발의 경우는 그러한 모습을 더욱 명확히 보여준다. 현재까지 '凸'자 형태의 문양을 금동신발에 새긴 것은 황남대총 남분, 금관총, 천마총, 의성 탑리 고분 Ⅱ곽 및 이화여자대학교 박물관 소장 전 공주 송산리 출토품 등이다. 이들 고분은 대체로 5세기 후반으로 편년되는데, 금동신발의 바닥에 부착된 못의 경우 신라의 것은 단면이 방형(方形)의 못이며, 백제의 경우는 무령왕비의 금동신발을 제외하면 역시 단면이 방형이다. 이 시기 신라와 백제의 중앙 및 지방 지배층들이 '凸'자 모양의 같은 문양을 새긴 금동신발을 보유한 것은 서로 신발에 대한 공통된 인식을 갖고 있었음을 나타낸다.

유물을 통한 신라와 백제의 관계를 살피는 데에 공주 송산리 4호분 출토 은으로 만든 허리띠 장식도 좋은 사례를 보여준다. 즉 이 은으로 만든 허리띠의 늘어뜨린 장식은 은으로 만든 네모 모양의 판 아래 중앙을 걸개 모양으로 튀어나오게 하고, 그와 별도로 위쪽 가운데 구멍을 낸 하트 모양의 판을 만들어, 이 둘을 서로 연결하여 만들었다. 그런데 이러한 형태로 만든 허리띠 장식은 백제에는 그 유래가 없지만, 신라 영역의 대형 고분에서는 다수 출토되는 신라의 독특한 허리띠 장식이다. 그렇기 때문에 신라 금관총 유물과 동일한 제작 기법을 갖는 이 유물은 493년 백제 동성왕이 신라 이찬 비지의 딸과 결혼한 사실과 결부하여, 이즈음 백제가 신라로부터 수입한 물건으로 판단하기도 한다.

이처럼 많은 수의 신라 유물이 백제 지배층의 무덤에서 출토된다는 것은 신라 또는 신라 문물에 대한 백제 지배층의 우호적인 인식을 드러내는 것으로 파악이 가능하다. 이 경우 신라 지역에서 출토된 백제 유물의 보고 사례는 아직까지 별로 없는 실정이다. 다만 창녕 교동 고분군 11호 출토 환두대도(圓頭大刀), 창녕에서 출토되었다고 전해지는 봉황무늬 환두대도, 창녕 계성 Ⅲ지구 1호분 출토 방두대도(方頭大刀), 양산 부부총 출토 원두도(圓頭刀) 등이 백제계일 가능성이 지적되고 있을 뿐이다. 이들 유물이 백제의 소산이라면, 이즈음 양국 지배층의 상호 우호적인 인식을 추론해 볼 수 있을 것이다.

그러나 5~6세기 신라와 백제의 상호 우호적인 인식을 드러내 주는 고고학 자료와는 달리, 7세기 양국의 인식은 첨예하게 대립되어 있다. 그동안의 양국 관계의 전개 양상과 대비하여 볼 때, 이러한 현상은 결국 대야성 전투의 결과 김춘추의 딸과 사위가 백제에 의해 살해되었던 사실을 주목하게 된다.

한편 취리산회맹 전후 신라와 백제의 상호 인식을 이해하기 위하여 당시 백제부흥운동에 대한 여러 사료들의 인식을 검토해 볼 필요가 있다. 백제부흥운동에 대한 기왕의 연구에 의하면, 『삼국사기』의 경우는 전승국인 신라의 입장이 반영되어 있기 때문에, 백제부흥운동의 실체를 제대로 인정하지 않고 있다. 또 『구당서』·『신당서』 등의 중국 사서는 부흥운동을 개인적인 활동으로 평가 절하하며 백제의 부흥을 국가적 실체로 인정하지 않고 있다. 그러나 『자치통감』의 경우는 백제의 부흥을 국가적 실체로 인정하는 모습도 찾아져서, 백제의 부흥을 인정하는 인식과 인정하지 않은 인식이 혼재되어 있다고 평가 된다. 아울러 「대당평백제국비명(大唐平百濟國碑銘)」이나 「당유인원 기공비(唐劉仁願紀功碑)」 등의 금석문 자료에는 백제의 부흥 모습이 전혀 반영되어 있지 않다. 단지 『일본서기』에만 백제의 부흥을 국가 적 실체로 인정하는 내용의 기사가 찾아진다.

이제 취리산회맹을 전후한 시기에 신라의 백제에 대한 인식의 단편이나마 찾아볼 수 있는 자료를 제시해 보도록 한다.

사료 [아]

① (671 : 664) "……(당나라의) 두 대부가 '(당 황제의) 칙명에 의하면 (백제를) 평정한 이후에 함께 맹회를 하라고 하셨는데, 임존성 하나가 아직 항복하지 않았으나 곧 함께 서로 맹세를 할 수 있을 것입니다.'라고 한 적이 있다. 신라 또한 칙명에 의하여 (백제를) 평정한 이후에 함께 맹회를 하려 하지만, 임존성이 아직 항복하지 않았기 때문에 (백제를) 평정했다고 말할 수 없다고 생각한다. 또 백제는 간사하기가 매우 많은 일의 실마리를 제공했으며, (약속했던 일을) 거듭 뒤집어 영원하지 못하니, 지금 비록 서로 함께 맹회를 한다 할지라도 훗날 막심한 후회를 할 우려가 걱정된다. (이에 백제와의) 맹세를 중단할 것을 삼가 요청하는 바다."라고 하였다. (『삼국사기』 권7 신라본기7 문무왕 11년 7월 답설인귀서)

② (655) 이때 백제의 임금과 신하들은 사치하고 음탕하며 한가로이 지내느라 나라의 일을 돌보지 않아, 백성들이 원망하고 신이 노하여 재난과 변괴가 여러 차례 일어났다. 김유신이 국왕께 "백제는 도가 없는 나라로, 그 죄가 (중국 고대의 폭군인) 걸임금과 주임금보다 더 심합니다. 이것은 진실로 하늘의 뜻에 순응하여 (백제의) 백성을 위로하고 (백제 국왕의) 죄를 벌하여야 할 때입니다."라고 아뢰었다. (『삼국사기』 권42 열전2 김유신 중 영휘 6년 9월)

앞서 사료 [바]-②에서 살펴본 사료의 일부분인 사료 [아]-①은 『삼국사기』 문무왕 11년에 실려 있는 「답설인귀서」에서 찾아진다. 이 서술 내용은 중국 사서에서는 찾아지지 않는 것이다. 아울러 그 실제 연대는 웅령맹약을 맺었던 664년에 해당한다. 이때 신라는 백제와 맹약을 맺으라는 당나라의 강요에 대하여, 백제는 매우 간사하여 배반을 끊임없이 하는 집단이기 때문에 맹약을 맺을 수 없다고 주장하였다. 그리고 설사 맹약을 맺는다 할지라도 그것이 결국은 후환이 될 것이라 하였다. 이처럼 『삼국사기』를 통해 볼 때, 신라 조정에서 백제에 대한 불신을 토로한 것은 그 이전에도 수차례가 있다. 그러나 이것은 서로 적대 관계에 있는 국가 사이에는 얼마든지 있을 수 있는 것이다. 특히 백제 옛 땅을 둘러싸고 당나라와 갈등을 빚고 있던 신라의 입장에서는 백제와의 맹약을 회피하기 위하여 어떠한 이유라도 필요한 상황이었다고 보인다.

아울러 사료 [아-②의 경우는 백제에 대한 대규모 침공을 몇 년 앞두고 백제의 국내 정치 및 정치 상황을 평가하는 입장에서 김유신이 발언한 내용이다. 즉 백제 군신들이 사치와 음탕에 빠져 나랏일을 제대로 돌보지 않고 있기 때문에 백성들의 원망이 심하다는 것이다. 김유신의 이러한 언급 또한 타국을 공략하기 위하여 축적해 두어야 할 명분 중의 하나로 보인다.

그러나 이렇게 이해한다 할지라도, 치열한 전쟁을 치르고 있던 양국 사이의 인식이 절대로 우호적일 가능성은 없다고 판단된다. 즉 대야성의 아픈 패배를 생생하게 기억하고 있던 신라는 백제를 멸망시켜야 할 대상으로 인식하고, 백제 영역에 대한 점유욕을 갖고 있었다. 그렇기 때문에 결과적으로 당나라와의 전쟁도 불사하였던 것이다. 백제에 대한 신라의 이러한 인식은 통일전쟁이 끝난 이후 백제의 옛 땅에 대한 지배 방식에서도 잘 드러난다.

즉 통일 이후 신라가 사전(祀典) 체계를 정립하는 과정에서 웅진을 포함하는 웅주(熊州) 지역에는 백제인들의 신라에 대한 반대 감정을 고려하여 사전 체계 정비에 더 많은 신경을 썼다. 반면에 사비 지역에는 중사(中祀)·소사(小祀)의 산천을 배치하지 않았는데 이것은 사비가 더 이상 백제인의 정신적 지주가 되지 못하도록 하고자 한 것이라 보고 있다. 이처럼 신라는 철저하게 백제 왕조 또는 백제 지역을 장악하고자 하였다. 그렇기 때문에 백제의 마지막 왕도였던 사비에 대하여 백제인의 정신적 지주라는 지위를 박탈하고, 백제 멸망 과정에서 그 부흥운동을 저지하였던 웅진도독부가 위치한 웅진 지역은 사전 체계의 정비 때 더 많은 신경을 썼던 것이다.

당나라 시대의 사람들은 백제를 진국(辰國)·마한(馬韓) 등으로 명명하면서 고구려와 같은 계통의 나라로 이해하였다. 이는 어떠한 체계적인 지식이나 정보를 바탕으로 한 것이 아니라 개괄적이고 단편적인 수준에 국한하여 중화사상의 테두리 속에서 백제를 관념적으로 인식하려 했던 것이라는 견해와 대비하여 볼 경우 더욱 뚜렷이 나타난다.

즉 취리산회맹을 전후하여 신라는 백제를 상당히 불신하는 입장에서, 궁극적으로는 백제 옛 땅을 차지하고자 하는 움직임을 보이고 있었다. 이 같은 신라 사회의 분위기는 왕족을 비롯한 지배층의 입장에서는 20여 년 전 대야성 전투의 패배에 대한 아픈 기억을 치유하고, 현실적으로 백제 옛 땅에 대해 영토적 야욕을 갖고 있던 당나라를 물리치기 위하여 반드시 필요한 조건이었다. 아울러 신라는 부흥을 꿈꾸는 백제의 잠재 역량을 고려하여, 통일 이후 사전 체계의 확립 과정에서 나름대로의 방법을 모색하는 등 백제인·백제 지역에 대한 통치와 융합에 많은 노력을 기울여야 했다.

5. 맺음말

이상에서 665년의 취리산회맹을 전후하여 신라와 백제 사이에 벌어졌던 전쟁의 양상 및 취리산회맹의 성립 과정, 그리고 당시 신라의 백제에 대한 인식을 살펴보았다. 이와 같은 본문의 내용을 요약하면서 결론에 대신하고자 한다.

7세기 백제와 신라의 관계는 한강 유역을 둘러싼 6세기 후반의 상황과는 달리, 고구려는 물론 일본과 당나라를 포함하여 국제전의 양상을 띠고 전개되었다. 백제의 경우는 한때 신라에 대한 공격에 성공적인 결과를 얻기도 하였으나, 집권 세력인 의자왕의 국제 정세에 대한 판단 착오로 인하여 결국은 멸망의 길로 접어들 수밖에 없었다.

6세기 신라의 동해안 방면으로의 진출 및 가야 남부 해안 지역 장악은 수산자원의 획득은 물론 고대사회에서 전략 물자로 인식되어 온 철과 소금의 확보와 직결된 것이라 이해할 수 있듯이, 결국 7세기 신라의 영역 확장 작업은 증대되는 농경지 수요와 노동력 확보라는 물적·인적 자원의 필요성에 기인한 것으로 이해된다. 이 과정에서 대야성 함락으로 인하여 김춘추의 사위인 김품석 부부가 살해당하는 신라는 백제에 대하여 강한 적개심을 품게 되었다.

한편 취리산회맹을 앞두고 이루어졌던 웅령맹약은 백제와의 회맹을 강요하는 당나라의 압력을 사맹(私盟) 정도의 수준에서 회피하고자 하는 신라의 대응이었다. 그러나 결국 당나라의 압력에 의해 취리산회맹을 맺을 수밖에 없게 되었다. 웅령맹약과 취리산회맹은 지금의 공주 지역에 위치한 이 두 회맹의 맹단(盟壇)을 경계로 신라와 백제의 관할을 구분한 것이었다. 이 과정에서 당나라는 백제 옛 땅을 자신에게 예속된 행정 단위로 편성하려는 의도를 갖고 있었다. 이와 같은 취리산회맹의 성립은 신라와 백제 모두가 원치 않았던 것으로, 결국 신라가 백제 옛 땅에서 당나라를 몰아냄으로써 신라 자신의 의지를 관철시킬 수 있었다.

이러한 취리산회맹을 전후하여 신라는 백제를 상당히 불신하는 입장이었다. 비록 어느 정도는 백제에 대한 공격과 장악을 위한 명분 축적용이라 파악되지만, 신라는 백제를 간사하여 배반을 끊임없이 하는 집단으로 인식하고 있었다. 아울러 지배층은 사치와 음탕에 빠져 있었다고 파악한다. 그러나 이 같은 신라 사회의 백제에 대한 인식은 왕족을 비롯한 지배층의 입장에서는 20여 년 전 대야성 전투의 패배에 대한 아픈 기억을 치유하고, 현실적으로 백제 옛 땅에 대한 영토적 야욕을 갖고 있던 당나라를 물리치기 위하여 반드시 필요한 조건이었다.

결국 백제 지역을 장악한 신라는 부흥을 꿈꾸는 백제의 잠재 역량을 고려하여, 통일 이후 제사와 연관한 사전(祀典) 체계의 확립 과정에서 나름대로의 방법을 모색하는 등 백제인·백제 지역에 대한 통치와 융합에 많은 노력을 기울였다.

참고문헌

공주대 박물관, 2008. 12,「연미산 정상부(就利山 會盟址 推定地) 문화재 발굴
　　　　(시굴)조사 개략보고」.
李南奭, 1998,『濟·羅 會盟址 就利山』, 公州大 博物館·公州市.
李漢祥·申英浩, 2001. 4,「鷲尾山石壇과 就利山築壇」,『國立公州博物館紀要』
　　　　創刊號, 國立公州博物館.

공주대 백제문화연구소, 2004,『백제부흥운동사연구』, 서경.
金榮官, 2005,『百濟復興運動研究』, 서경.
金鉉球, 1985,『大和政權の對外關係研究』, 吉川弘文館.
노중국, 2003,『백제부흥운동사』, 일조각.
이한상, 2004,『황금의 나라 신라』, 김영사.

권오영, 2008,「대외교섭」,『유적·유물로 본 백제(Ⅰ)』(권오영 외), 충청남도역
　　　　사문화연구원.
金壽泰, 1994,「統一期 新羅의 高句麗遺民支配」,『李基白先生古稀紀念 韓國史
　　　　學論叢[上]』(同 刊行委員會 編), 一潮閣.
김수태, 2007,「의자왕대 전반기의 대외관계」,『泗沘都邑期의 百濟』(김주성
　　　　외), 충청남도역사문화연구원.
金瑛河, 2000. 9,「高句麗 內紛의 국제적 배경－唐의 단계적 戰略變化와 관련하
　　　　여－」,『韓國史研究』110, 韓國史研究會.
金鉉球, 1991. 6,「「神功紀」加羅七國 平定記事에 관한 一考察」,『史叢』39,
　　　　高大史學會.
김현구, 2004,「白江戰爭과 그 역사적 의의」,『백제부흥운동사연구』(공주대
　　　　백제문화연구소 편), 서경문화사.
盧重國, 1981. 9,「高句麗·百濟·新羅 사이의 力關係變化에 대한 一考察」,
　　　　『東方學志』28, 延世大 國學研究院.
盧重國, 1988. 7,「統一期 新羅의 百濟故地支配－『三國史記』 職官志·祭祀
　　　　志·地理志의 百濟關係記事分析을 中心으로－」,『韓國古代史研究』
　　　　1, 한국고대사연구회.

朴普鉉, 2006, 「百濟의 官帽와 飾履」, 『4~5세기 백제유물 특별전 한성에서 웅진으로』, 국립공주박물관·충청남도역사문화원.

박찬홍, 2006. 12, 「665년 신라·백제·당나라의 취리산 회맹문」, 『내일을 여는 역사』 26, 신서원.

方香淑, 1994, 「百濟故土에 대한 唐의 支配體制」, 『李基白先生古稀紀念 韓國史學論叢[上]』(同 刊行委員會 編), 一潮閣.

申瀅植, 1977, 「武烈王權의 成立과 活動」, 『韓國史論叢』 2, 誠信女大 國史敎育學會 ; 1984, 『韓國古代史의 新硏究』, 一潮閣.

梁起錫, 1995, 8, 「百濟 扶餘隆 墓誌銘에 대한 檢討」, 『國史館論叢』 62, 國史編纂委員會.

양종국, 2004, 「7세기 동아시아 국제정세와 百濟 義慈王」, 『백제부흥운동사연구』(공주대 백제문화연구소 편), 서경문화사.

李基東, 1995, 「百濟史 總說」, 『백제의 역사』, 충청남도 ; 1996, 『百濟史硏究』, 一潮閣.

李道學, 1987. 12, 「熊津都督府의 支配 조직과 對日本政策」, 『白山學報』 34, 白山學會.

鄭雲龍, 1996. 6, 「羅濟同盟期 新羅와 百濟 關係」, 『白山學報』 46, 白山學會.

정운용, 2007, 「신라와의 관계」, 『百濟의 對外交涉』(신형식 외), 충청남도역사문화연구원.

鄭雲龍, 2008. 10, 「5世紀 新羅의 對百濟關係와 相互 認識」, 『鄕土서울』 72, 서울特別市史編纂委員會.

池憲英, 1967, 「「熊嶺會盟·就利山會盟」의 築壇 位置에 對하여」, 『語文硏究』 5, 語文硏究學會.

홍보식, 2007, 「신라와의 문물교류」, 『百濟의 文物交流』(임영진 외), 충청남도역사문화연구원.

拜根興, 1999. 8, 「新羅 文武王代 對唐外交」, 『新羅文化』 16, 東國大 新羅文化硏究所.

鈴木靖民, 1993, 「7世紀 中葉 百濟의 政變과 東아시아」, 『百濟史의 比較硏究』(忠南大 百濟硏究所 編), 書景文化社.

池內宏, 1915,「百濟滅亡後の動亂及び唐·羅·日三國の關係」,『滿鮮地理歷史
　　　研究報告』14, 東京大 ; 1960,『滿鮮史研究』上世 第2冊, 吉川弘文館.
布山和男, 1996. 1,「新羅文武王五年の會盟にみる新羅·唐關係」,『駿台史學』
　　　96, 駿台史學會.

취리산회맹과
당의 백제 고토(故土) 지배정책

김 영 관 청계천문화관 관장

1. 머리말

백제가 멸망한 후 당은 그 옛 땅에 5도독부를 두고 직접 통치하려 하였다. 그러나 멸망 직후 바로 일어난 백제 유민들의 부흥운동으로 말미암아 당의 계획은 실행될 수 없었다. 다만 사비성(부여)과 그 주변 및 웅진성(공주) 등만이 나당연합군의 수중에 있었다. 이러한 상황은 백제부흥군의 양대 거점인 주류성과 임존성이 함락될 때까지 계속되었다. 그리고 664년 3월 사비성을 점령하고 있던 최후의 백제 부흥군을 제압한 이후에서야 백제 고토(故土)에 대한 지배정책을 펼 칠 수 있었다.

당은 애초에 백제 땅을 신라에 주기로 약속했지만 실제로 넘겨주지 않았다. 660년 백제 멸망 직후에 5도독부를 두고 직접 지배를 행하고 자 했던 것에서 알 수 있듯이 신라에게 백제지역을 넘겨줄 의향이 전혀 없었다. 당은 으레 그러했듯이 새로 정복한 지역을 당의 군현으로 편입시켜 통치하려고 했을 뿐, 동맹국인 신라와의 약속은 안중에 없었던 것이다.

반면에 신라의 입장은 확연히 달랐다. 신라는 648년에 이루어진 태종무열왕 김춘추와 당 태종 사이의 약속이 지켜지기를 고대했다. 그러나 백제부흥운동을 평정하고 난 이후 당은 신라의 믿음을 저버리고 말았다. 당은 웅진도독부를 설치하고 멸망한 백제의 태자인 부여융을 끌어들여 신라의 기대와는 달리 백제 고토를 직접 통치하려고 했다.[1] 그것은 신라와 사전에 조율된 것이 아닌 당의 일방적인 정책이었으므로 신라와의 사이에 갈등이 발생할 수밖에 없었고, 결국 나당전쟁의 원인이 되었다.[2]

이 글에서는 나당전쟁의 원인이 되었던 당의 백제 지역에 대한 처리를 둘러싼 문제들을 살펴볼 것이다. 특히 당이 백제의 고토에 세운 웅진도독부와 신라 문무왕과 강제로 체결한 취리산회맹의 궁극적인 목적이 무엇이었는지 알아보고, 부여융이 어떻게 개입되어 이용되었는지에 대해서도 살펴볼 것이다. 또한 취리산회맹 이후에 당과 신라 사이에 백제 고토에 대한 지배권은 어떻게 정리되었는지에 대해서도 알아보려 한다.

2. 당의 백제 정벌 목적

660년 나당연합군에 의해 사비성이 함락되면서 백제가 멸망했다. 애초에 당 태종은 평양 이남의 백제 땅에 대한 신라의 지배를 약속했다.[3] 그러나 당 고종은 의자왕이 항복하자마자 백제에 5도독부를 설치하면서 직접 지배를 도모하여 선대의 약속을 지키지 않았다. 결국 처음부터 당은 백제 지역을 신라에게 넘겨줄 생각이 없었던 셈이다. 당시 당의 관심은 여전히 고구려 정벌에 집중되어 있었다. 당은 백제를 정복한 여세를 몰아 일거에 고구려까지 공멸하려고 하였다. 660년 11월 백제 정벌을 주도하고 귀국한 소정방은 바로 다음 달인 12월에 요동도행군대총관이 되어 고구려 출병을 명령받았고,[4] 그의 휘하 장수였던 방효태도 661년 4월 옥저도행군총관에 임명받아 고구려로 출병했다.[5] 하지만 이들의 고구려 원정은 순조롭게 이루어지지 못했다. 소정방의 원정군은 661년 8월 패강 전투에서 패배했고,[6] 662년 2월에는 방효태가 사수(蛇水)에서 전사하는 지경에 이르렀다.[7]

당의 고구려 정벌 실패는 국제 정세의 변화와 기대에 못 미쳤던 신라의 지원에 원인이 있었다. 661년부터 663년 사이 철륵(鐵勒)·회흘(回紇)·서돌궐(西突厥)·구자(龜玆)·토번(吐蕃) 등의 이민족들이 연이어 당의 국경을 공격하면서 대규모 전투가 이어졌고 이것은 계획된 고구려 원정 전략을 바꾸게 하였다.[8] 본래 고구려 원정군에 편성되었던 계필하력(契苾何力)이 철륵을 토벌하기 위해서 진군로를 서쪽으로 변경시켰던 상황[9]은 계획대로 원정이 진행되지 못했음을 보여준다.

신라 역시 백제 정벌 후 백제부흥군과의 지루한 전투를 계속해야 했다. 특히 661년 3월 두량윤성 전투에서 참패를 당하면서 부흥운동 진압에도 힘에 부친 상황이었다. 더군다나 당군을 지원하기 위한 군량의 조달 및 계속되는 병마의 징발에다가 역병까지 발생하는 악재가 겹치면서 국내 사정도 매우 악화되어 있었다.

신라는 이 와중에도 당의 고구려 원정에 참여하지 않으면 안 되었

108

다. 661년 7월 문무왕은 즉위하자마자 부왕인 무열왕의 상중임에도 불구하고 대규모의 고구려원정군을 편성하고 직접 출정했다. 하지만 백제부흥군의 저지선에 막혀 제때 당군과 호응하지 못하였고, 662년 2월에야 김유신이 이끄는 병참부대가 평양 부근에서 당군에게 군량미를 보급할 수 있었다. 결국 신라는 661년 7월부터 662년 2월까지 8개월 동안 당의 고구려 원정에 동원되면서 많은 희생을 치를 수밖에 없었다.10)

한편 당과 신라가 고구려 원정에 주력하던 사이 백제부흥군은 절정의 기세를 올렸고 웅진도독부의 당군은 고립무원의 처지에 빠졌다. 당시 웅진성에 주둔하고 있던 당군은 신라에게 보급을 받지 못한 채 백제부흥군에게 포위되어 겨우 농성만 하던 상태였다. 결국 당 고종은 고구려 원정이 실패하자 유인원에게도 철수하라는 명령을 내렸다.11) 이것은 660년에 확보한 백제 영역에 대한 당의 직접통치를 철회하겠다는 고종의 입장을 드러낸 것이었다. 이에 대해 웅진도독부의 유인궤는 고구려 원정의 실패를 만회하고 훗날 재원정을 위해서는 백제 땅을 반드시 확보해야 한다고 주장하면서 철수를 반대했다.12) 즉 660년 당의 백제 정벌은 본래 고구려와 동맹을 맺고 있던 백제를 먼저 제압하기 위한 것이었다는 사실을 강조한 것이다.

이처럼 백제 지역의 당군에 대한 철수 논의가 이뤄지고 있는 와중에 때마침 나당연합군이 백제부흥군을 대파하면서 웅진도독부가 고립의 위험에서 벗어나게 되었다. 곧 662년 7월 백제부흥군의 거점성인 진현성(眞峴城 : 대전시 서남쪽의 진잠)을 함락시키는 성과를 거두면서 신라에서 웅진도독부로 이어지는 보급로인 웅진도(熊津道)를 10개월 만에 다시 개통시킨 것이다.13) 이후 당은 666년 6월까지 고구려 원정을 멈추고 백제 고토에 대한 확실한 장악에 나서게 되었다.

3. 취리산회맹 전야의 정세

고구려 원정을 잠시 중단한 당은 백제 고토에 대한 직접 지배를 실현하기 위해서 백제부흥군의 진압에 힘을 쏟았다. 당 고종은 유인 원과 유인궤의 증원 요청에 따라 손인사(孫仁師)를 웅진도행군총관 (熊津道行軍摠管)으로 삼아 7천 병력을 웅진도독부로 증파했다.[14) 한 편 웅진의 당군과 신라의 연합군은 증원 병력이 도착할 때까지 함께 백제부흥군을 차례로 물리쳤다. 웅진 동쪽에서 백제부흥군을 크게 격파한 신라군은 진현성을 함락시키고 웅진과 사비를 잇는 길목에 위치한 내사지성(內斯只城 : 유성)마저 공략한 후[15) 여세를 몰아 663 년 2월에는 백제의 남부지역을 장악했다. 나당연합군의 맹렬한 반격 은 백제부흥군의 기세를 약화시켰으며 최대 거점이었던 주류성(周留 城)마저 위협했다. 즉 신라가 백제 남부지역의 거점 성들을 차례로 쓰러뜨리자 백제부흥군은 주류성으로 들어가 농성하지 않으면 안 될 만큼 수세에 놓이게 되었다.[16)

반면 신라는 당의 고구려 원정이 중단되자 그만큼 백제 지역에 병력을 집중시킬 수 있었으며 백제부흥군의 거점 성들을 차례로 점령 해 나가면서 백제 고토에 대한 영향력과 실질적인 지배권을 확보할 수 있었다. 당시 백제 부흥운동을 진압하던 나당연합군의 주력은 신라였으며 신라군의 전력 또한 웅진도독부의 당군을 압도했다. 다만 신라가 당의 웅진도독부보다 우월한 지위를 주장할 입장은 되지 못하 였다. 단지 어렵게 점령한 백제 지역을 당이 신라에게 약속대로 내어

110

주기만을 바라면서 백제부흥군 토벌에 전념할 수밖에 없었다.

당에서 증파된 손인사가 웅진도독부에 도착하면서 나당연합군은 백제부흥군의 최대 거점인 주류성 공략에 나섰다. 663년 7월 17일 문무왕은 신라군을 이끌고 직접 출병하여 당군과 웅진에서 합세했다. 손인사가 거느린 당군과 문무왕이 거느린 신라군은 강을 따라 육군과 수군으로 나누어 주류성으로 나아갔다. 이때 손인사는 유인원이 거느린 웅진도독부의 육군과 문무왕이 거느린 신라의 육군을 거느리고 주류성으로 진군했고, 유인궤는 부여융(扶餘隆) 및 두상(杜爽)과 함께 당의 수군을 거느리고 강을 따라 백강의 입구로 진군했다.[17]

먼저 유인궤와 부여융이 거느린 수군이 백강 입구의 해전에서 백제 부흥군과 왜의 수군 전선 400척을 궤멸시켰고, 뒤이어 백강의 언덕에서 신라군이 백제부흥군을 크게 격파하였다.[18] 왜에서 돌아와 백제부흥군을 이끌던 부여풍(扶餘豊)은 고구려로 달아났고[19] 주류성은 힘없이 함락되었다.[20] 주류성을 함락시킨 당과 신라군은 여세를 몰아 각 지역의 부흥군을 차례로 진압해 임존성을 제외한 대부분의 성들로부터 항복을 받아냈다. 이후 백제부흥군을 진압한 당은 다시 백제 지역에 대한 직접지배를 시도했다. 백제 멸망 직후 설치한 5도독부가 백제 유민들의 봉기로 유명무실해졌고, 고구려 원정에 치중하느라 백제 지역에 대해 소홀했던 당은 이제 백제 땅을 직접 경영하기 위해 적극적으로 나서게 되었다.

4. 취리산회맹의 목적과 과정

백강 전투의 대승을 기반으로 주류성마저 함락시킨 당은 백제 지역에 새로운 정책을 실시하였다. 백제의 지방제도를 그대로 이어받아 설치했던 5도독부 체제를 현실에 맞게 재편하여 실질적인 지배를 도모한 것이다. 먼저 당은 백제 태자였던 부여융을 전면에 내세웠다. 당 고종은 증원군으로 손인사와 더불어 부여융을 함께 파견하여 백제부흥군을 진압토록 했다. 의자왕의 태자로서 정당한 왕위계승권자인 부여융의 등장은 부여풍을 중심으로 결집된 주류성의 백제부흥군에게 큰 혼란을 주었을 것이다. 더욱이 백제부흥군을 실질적으로 이끌던 복신(福信)이 부여풍에게 제거 당한 이후였으므로 당시 부흥군은 지도부가 결집되지 못한 상태였다. 부여융은 정통성이 없는 부여풍의 입지를 흔들 만한 존재였으며, 부흥군으로부터 이탈하거나 이미 항복한 백제 유민들을 위무하는 데 매우 유용한 인물이었다. 특히 주류성이 함락된 이후 신라와 당군의 공격에도 굳건하던 북방의 거점이었던 임존성의 점령은 부여융을 이용한 전략에 힘입은 바 컸다. 신라군이 임존성 공략에 실패하고 회군한 직후 복신에 호응해 부흥운동을 일으켰던 임존성의 흑치상지(黑齒常之)와 사타상여(沙吒相如)가 부여융에게 회유당해 당군에게 항복한 것이다.21)

백제부흥군을 진압한 후 백제 지역은 오랜 병화로 말미암아 황폐화되었다. 이에 웅진도독부의 유인궤는 빈민 구휼과 더불어 기반 시설의 정비에 들어갔다. 그리고 당의 사직(社稷)을 세우고 정삭(正朔)과 묘휘(廟諱)를 반포했다. 당의 직접적인 지배를 구체화한 것이었다.22) 이 과정에서 당은 부여융을 전면에 내세웠다. 당은 여러 정복지를 통치할 때 그 지역의 수장을 그대로 도독으로 임명하는 방식으로 운영했다. 백제 땅도 마찬가지여서 의자왕이 사망했으므로 그의 계승자인 부여융을 통해 지배하고자 한 것이다. 이는 백제 땅을 고구려 원정에 필요한 군량과 군사를 확보하기 위한 병참기지로 삼기 위해서였다.[23] 곧 고구려 원정 때마다 늘 문제가 되었던 보급로를 확보하고 백제 고토에 주둔한 당군을 활용해 다양한 전략을 구사할 수 있도록 미리 준비하고자 한 것이다.

이러한 당군의 대고구려 전략을 실현하기 위해서는 명분이 필요했다. 백제 지역에 대해 실질적인 지배력을 확보하지 못한 당으로서는 신라의 입장을 무시할 수 없었다. 더욱이 당이 직접 확보한 곳은 웅진성과 진현성·주류성·임존성 등에 불과했고 그 주위를 모두 신라가 점령하여 오히려 당군을 포위하고 있는 형국이었다. 또 당군의 주둔 병력은 고작 1만 명에 불과했고, 4년에 걸친 백제부흥군과의 전투에서 전력의 손실을 입었기 때문에 손인사가 거느리고 온 증원군 7천을 합해도 신라의 전력에 비해 턱없이 열세였다. 그러므로 당으로서는 실질적으로 신라군에 의해 점령된 백제 땅을 차지하기 위한 다른 수단이 필요했다.

당은 부여융을 통해 이 문제를 해결하고자 했다. 당은 부여융을 웅진도독으로 삼아 백제 땅에 대한 지배권을 부여했다. 이것은 사실상 백제 지역을 점령하고 있던 신라에게 물러나라는 요구를 한 것이며, 신라에게는 어렵게 멸망시킨 백제가 다시 당의 지원을 받아 새로 회복될지도 모르는 상황으로 비춰졌을 것이다. 그렇게 되면 신라는 또다시 부활한 백제와 국경을 맞대고 싸워야 하는 상황에 내몰리게 되는 셈이었다.

이때 당이 선택한 전략은 신라와의 군사적인 충돌을 피하면서 자연스럽게 백제 지역에서 신라군이 철군하도록 유도하는 것이었다. 그리고 그 방법으로 국가 간에 분쟁이 발생했을 때 이를 중재하는 중국

고유의 전통적인 방식인 '맹서(盟誓)'의 의례를 이용하려 했다.24) 곧
당이 중재자로 나서서 신라와 백제를 화해시킨다는 명분을 내세워
백제 지역에서 신라군을 내몰고자 한 것이다. 이를 위해서는 이미
멸망한 백제와 신라를 동등하게 규정할 필요가 있었다. 그러므로
당은 웅진도독부에 맞추어 663년 4월 신라를 일방적으로 계림대도독
부(鷄林大都督府)로 삼고 문무왕을 계림주대도독(鷄林州大都督)에 임
명했다.25) 이로써 멸망한 백제와 승전국인 신라가 같은 지위를 얻게
되었고 그 사이에서 분쟁을 조정한다는 명분으로 상위의 중재자로서
당이 개입할 수 있는 구조가 되었다.

신라 역시 당의 이런 속셈을 알고 있었던 터라 당의 요구를 쉽게
받아들이지는 않았다. 663년 10월 21일까지 신라군은 당군과 함께
임존성을 공격하였으나 함락시키지 못하자 철군하고자 하였다.26)
이때 당의 별수(別帥) 두상은 고종의 칙명을 근거로 백제와의 회맹을
종용했다. 이에 신라는 백제가 아직 평정되지 않았음을 내세워 회맹
을 피하고자 했다.27) 그러면서 임존성에 대한 공격을 멈추고 회군했
다. 그러나 곧 임존성이 당군에게 무너지면서 더 이상 고종의 칙명을
거부할 명분이 사라지게 되었다.28) 결국 문무왕은 664년 2월 각간
김인문과 이찬 천존을 보내 유인원이 보는 앞에서 부여융과 회맹을
하게 하였다.29)

이때 회맹한 장소인 웅령(熊嶺)의 구체적인 위치에 대해서는 논의
가 분분한 상태지만 곰치라고 불리는 충북 보은군 내북면의 웅현(熊
峴)으로 추정된다.30) 이곳은 보은에서 회인을 거쳐 문의와 회덕으로
쉽게 갈 수 있고, 청주 또는 청천에서 미원을 거쳐 회인으로 통할
수 있는 곳이다. 곧 회맹 지점이 백제 멸망기의 신라와 국경지역이

114

되므로 결국 당의 의도는 660년 7월 이전의 국경선 밖으로 신라군이 물러설 것을 요구한 것이다. 그러므로 신라의 문무왕은 웅령에서의 회맹 자체를 받아들이기 어려웠을 것이고 자신이 직접 참여하지 않았다는 명분을 내세워 회맹에 대한 이의를 제기했을 것이다. 다음해인 665년 8월 취리산회맹이 다시 이루어진 것은 이런 문제점을 조율하고 경계를 새로 정하기 위해서였을 것이다.[31]

취리산의 위치에 대해서는 공주의 금강 북쪽에 위치한 취리산으로 비정하고 있다. 취리산에서 회맹했다는 것은 신라와 백제의 경계를 취리산으로 정한 것으로 볼 수 있다. 신라는 당과의 지리한 협상 끝에 웅진도독부와 신라와의 경계를 금강으로 다시 조정하는 데 성공했다. 이는 660년 백제 멸망 당시의 국경선으로 강역을 획정하려던 당의 계획을 무산시키고, 신라가 실질적으로 점령하고 있던 백제 고토에 대한 영유권을 일부나마 인정받은 것이다. 신라 영역이 웅령 회맹 때보다 더 서쪽으로 확대 획정된 것은 신라의 백제 고토에 대한 실질적인 점유를 일부나마 당이 인정한 결과였다.

취리산회맹은 중국의 전통 방식에 따라 격식을 갖추고 엄중하게 거행되었다. 백마를 죽여 희생을 삼아 피를 나누었고, 회맹문을 작성해 금서철권(金書鐵券)으로 만들어 종묘에 보관토록 했다. 또한 하늘과 땅의 신에 제사를 지내 맹세하도록 했다.[32] 그리고 백제와 신라가 혼인을 통해 화친할 것도 약속했다.[33] 취리산회맹은 웅령회맹과는 달리 문무왕이 직접 참여하여 부여융과 함께 맹약을 체결하였다. 당은 부여융을 내세워 백제 땅을 직접 관리하려는 정책을 확정지었고 고구려 원정의 전초기지로 삼을 준비를 마쳤다. 또한 왜와 탐라의 사신을 취리산회맹에 참여시킴으로써 앞으로 신라가 맹약을 어기는

군사행동을 하지 못하도록 외교적으로도 압박했다.[34] 만일 신라가
취리산에서 맺은 맹약을 어기고 백제 지역으로 세력을 확장해 직접
지배하려고 한다면 국제적인 협정을 어긴 신의 없는 국가로 몰아붙일
수 있도록 명분을 더 추가한 것이다.

　취리산회맹으로 당의 백제 고토에 대한 지배는 본격화되었다. 호
구를 파악하고 관리를 파견했으며 도로를 수리하고 제방과 연못을
수리하는 등 농사를 장려하여 백성들을 생업에 종사하도록 독려했다.
또 백제 땅을 새로이 웅진도독부와 7주 51현으로 편제해 실질적인
지배를 도모했다.[35] 신라는 당의 처사에 불만이 있었지만 고구려가
북쪽에 강건하게 버티고 있는 상황에서 노골적으로 반발하지 못했다.
그러나 당의 처사에 대한 불만은 고구려 멸망 이후 일어난 나당전쟁의
불씨가 되었다.[36]

5. 맺음말

　660년 당의 백제 정벌은 고구려 정벌의 전초기지를 마련하기 위한
것이었다. 일단 백제를 멸망시킴으로써 당은 고구려의 배후를 장악했
지만 실상은 그 일부 지역만을 확보할 수 있었다. 여전히 백제 땅의
대부분은 백제부흥군과 신라군의 수중에 있었다. 당군은 백제를 정벌
한 직후 성급하게 고구려 정벌을 시도했으나 거듭 실패하였고, 그
영향으로 웅진도독부의 당군은 백제부흥군에게 포위되어 고립되는
지경에 이르렀다.

　당군은 웅진도독부에 증원군을 보내어 신라군과 힘을 합쳐 백제부
흥군을 차례로 제압하였다. 그리고 백제 태자였던 부여융을 앞세워

백제 지역을 실질적으로 지배하고자 하였다. 당이 직접 지배를 의도한 까닭은 고구려 원정의 병참기지로 활용하고, 그곳에 주둔한 당군을 이용해 다양한 전략을 구사하고자 하는 이유 때문이었다.

당이 선택한 백제 땅에 대한 지배 전략은 신라와의 군사적인 충돌 없이 신라군이 철군하도록 유도하는 것이었다. 당은 국가 간에 분쟁이 발생했을 때, 이를 중재하는 중국의 전통적 방식인 '회맹(會盟)'을 통해서 목적을 달성하려고 했다. 이를 위해 먼저 백제의 부여융을 웅진도독부의 도독으로, 신라의 문무왕을 계림대도독부의 도독으로 임명하여 분쟁 당사자들에게 동등한 지위를 부여했다. 백제부흥군을 완전히 평정하기도 전에 신라를 계림대도독부로 삼고, 웅진도독부에 증원군을 보내면서 부여융을 같이 보낸 것은 당이 백제 땅을 신라에게 내줄 생각이 없다는 생각을 드러낸 것이었다. 당 고종은 백제부흥군을 평정한 후에 웅진도독부와 신라에 회맹을 하라는 칙명을 내렸다. 그러나 신라는 백제부흥군의 마지막 보루였던 임존성 공격을 멈추고 회군함으로써 회맹을 미루고자 하였다. 하지만 임존성을 함락시킨 후인 664년 2월에 웅령에서 회맹하였고, 665년 8월에는 취리산에서 다시 회맹하였다.

664년 2월의 웅령회맹은 신라 문무왕의 참석 거부로 부여융과 김인문·천존이 참여하였다. 그런데 이 회맹은 기본적인 목적이 영토 획정에 있었고 이 점에서 문제가 발생했다. 웅령은 오늘날의 충북 보은군 내북면 곰치(熊嶺)다. 웅령에서 회맹했다는 것은 결국 웅령으로 백제와 신라의 경계를 삼는다는 뜻으로, 당은 신라가 새로 점령한 백제 영토를 전혀 인정하지 않겠다는 것이었다. 신라로서는 새로 얻은 영토를 다시 내주어야 하는 매우 불만스러운 처사였다.

신라 문무왕은 이에 자신이 직접 회맹에 참여하지 않은 웅령회맹에 대해 이의를 제기하고 다시 회맹할 것을 요구했다. 당과 신라는 웅령회맹의 문제점을 조율하기 위하여 1년 반이라는 시간을 필요로 했다. 이렇게 하여 665년 8월 유인원의 중재로 취리산에서 문무왕이 직접 참여한 가운데 부여융과 다시 회맹을 하게 되었다. 당은 왜와 탐라 사신을 회맹에 입회토록 함으로써 신라가 약속을 어기지 못하도록 외교적으로도 압박했다. 취리산은 오늘날의 충남 공주시 금강 대안이다. 취리산회맹으로 신라는 웅진도독부와의 경계를 금강으로 다시 조정하는 데 성공했다. 취리산회맹으로 신라는 좀더 나아진 조건으로 웅진도독부와 영토를 정하게 되었다. 반면에 당은 백제 땅을 웅진도독부와 7주 51현으로 새로이 고쳐서 직접 지배를 도모했다.

취리산회맹으로 신라는 백제 멸망 이전의 국경선으로 경계를 삼으려던 당의 계획을 무산시키고 실질적으로 점령하고 있던 백제 지역에 대한 지배를 어느 정도 인정받았다. 그러나 백제의 나머지 영토는 당의 영역으로 편제되어 고구려 정벌의 전초기지가 되었고, 당분간 신라는 지배권을 행사할 수 없게 되었다.

참고문헌

金秀美, 2007, 『熊津都督府 研究』, 전남대학교 대학원 사학과 박사학위논문.

金榮官, 2005, 『百濟復興運動研究』, 書景文化社.

김영관, 2007, 「국제정세의 변화」, 『百濟의 滅亡과 復興運動』, 충청남도 역사문화연구원.

김태식, 2005, 「唐 高宗 封禪大典, 그 예행 의식으로서의 취리산회맹」, 『韓國古代文化研究』, 백산자료원.

김현구, 2004, 「白江戰爭과 그 역사적 의의」, 『백제부흥운동사연구』, 서경문화사.

盧重國, 2003, 『백제 부흥운동사』, 一潮閣.

末松保和, 1935, 「百濟の故地に置かれた唐の州縣について」, 『靑丘學叢』 19 ; 1996, 『高句麗と朝鮮古代史』, 吉川弘文館.

方香淑, 1994, 「百濟故土에 대한 唐의 支配體制」, 『李基白先生古稀紀念韓國史學論叢(上)』, 一潮閣.

拜根興, 2003, 『七世紀中葉唐與新羅關係研究』, 中國社會科學出版社.

沈正輔, 1993, 「한밭의 城郭」, 『大田의 城郭』, 대전직할시.

李道學, 1987, 「熊津都督府의 支配 組織과 對日本政策」, 『白山學報』 34, 白山學會.

이도학, 2003, 『살아있는 백제사』, 휴머니스트.

李秉延, 1936, 『朝鮮寰輿勝覽』 報恩郡 山川, 普文社.

李昊榮, 1997, 『新羅三國統合과 麗濟敗亡原因研究』, 書景文化社.

池內宏, 1960, 「百濟滅亡後の動亂及び唐・羅・日三國の關係」, 『滿鮮鮮史研究』 上世第二冊, 吉川弘文館, 175쪽.

池憲英, 1967, 「熊津・就利山會盟의 築壇位置에 對하여」, 『語文研究』 5 ; 2001, 『韓國地名의 諸問題』, 景仁文化社.

千寬宇, 1989, 「馬韓諸國의 位置試論」, 『古朝鮮史・三韓史研究』, 一潮閣.

布山和男, 1996, 「新羅文武王五年의 會盟にみる新羅・唐關係」, 『駿台史學』 96, 日本 明治大學 史學科.

주_

1) 김현구, 2004, 「白江戰爭과 그 역사적 의의」, 『백제부흥운동사연구』, 서경문화사, 255쪽 ; 金榮官, 2005, 『百濟復興運動研究』, 書景文化社, 246쪽.

2) 李昊榮, 1997, 『新羅三國統合과 麗濟敗亡原因研究』, 書景文化社, 231~241쪽.

3) 『三國史記』 「新羅本紀」 文武王 11年 答薛仁貴書, “我平定兩國 平壤已南百濟土地 並乞你國.”

4) 『新唐書』 卷3 本紀 第3 高宗 顯慶 5年 12月 壬午, “左驍衛大將軍契苾何力爲浿江道行軍大摠管 蘇定方爲遼東道行軍大摠管 左驍衛將軍劉伯英爲平壤道行軍大摠管 以伐高麗.”

5) 『新唐書』 卷3 本紀 第3 高宗 龍朔 元年 4月 庚辰, “任雅相爲浿江道行軍摠管 契苾何力爲遼東道行軍摠管 蘇定方爲平壤道行軍摠管 蕭嗣業爲扶餘道行軍摠管 右驍衛將軍程名振爲鏤方道行軍摠管 左驍衛將軍龐孝泰爲沃沮道行軍摠管 率三十五軍 以伐高麗.”

6) 『新唐書』 卷3 本紀 第3 高宗 龍朔 元年 8月 甲戌, “蘇定方及高麗 戰于浿江 敗之.”

7) 『新唐書』 卷3 本紀 第3 高宗 龍朔 2年 2月, “甲戌 任雅相薨 戊寅 龐孝泰及高麗 戰于蛇水 死之.”

8) 金榮官, 2005, 『百濟復興運動研究』, 書景文化社, 151~152쪽.

9) 『資治通鑑』 卷200 唐紀16 高宗 龍朔 元年 3月.

10) 『三國史記』 新羅本紀 文武王 11年 答薛仁貴書.

11) 『資治通鑑』 卷200 唐紀16 高宗 龍朔 2年 秋7月, “初仁願仁軌等屯熊津城上與之勅書 以平壤軍回 一城不可獨固 宜拔就新羅 若金法敏藉卿留鎭 宜且停彼 若其不須 卽宜泛海還也 將士咸慾西歸.”

12) 『資治通鑑』 卷200 唐紀16 高宗 龍朔 2年 秋7月, “主上慾滅高麗 先誅百濟 留兵守之 制其心腹 雖餘寇充斥 而守備甚嚴 宜礪兵秣馬 擊其不意 理無不克 旣捷之後 士卒心安 然後分兵據險 開張形勢 飛表以聞 更求益兵 朝廷知其有成 必命將出師 聲援纔接 兇魁自殲 非直不弃成功 實亦永淸海表 今平壤之兵旣還 熊津又拔 卽百濟餘燼 不日更興 高麗逋寇 何時可滅 且今以一城之地 居敵中央 苟或動足 卽爲擒虜 縱入新羅 亦爲羈客 脫不如意 悔不可追.”

120

13) 『舊唐書』卷199 列傳 第149 東夷 百濟國, "二年 七月 仁願仁軌等 率留鎭之
兵 大破福信餘衆於熊津之東 拔其支羅城及尹城大山沙井等柵 殺獲甚衆 仍
領分兵以鎭守之 福信等 以眞峴城臨江高險 又當衝要 加兵守之 仁軌引夜
新羅之兵 乘夜薄城 四面攀堞而上 比明而入其城 斬首八百級 通新羅運糧
之路."

14) 『舊唐書』卷199 列傳 第149 東夷 百濟國 ;『新唐書』卷220 列傳 第145
東夷 百濟.

15) 『三國史記』新羅本紀 文武王 2年, "八月 百濟殘賊 屯聚內斯只城作惡 遣欽
純等十九將軍 討破之."

16) 『日本書紀』卷 第27 天智天皇 2年, "春二月乙酉朔丙戌 百濟遣達率金受等
進調 新羅人燒燔百濟南畔四州 幷取安德等要地 於是 避城去敵近 故勢不
能居 乃還居於州柔 如田來津之所計."

17) 『三國史記』百濟本紀 義慈王 20年, "於是仁師仁願及羅王金法敏 帥陸軍進
劉仁軌及別帥杜爽扶餘隆 帥水軍及糧船 自熊津江往白江 以會陸軍 同趨周
留城."

18) 『三國史記』百濟本紀 義慈王 20年, "遇倭人白江口 四戰皆克 焚其舟四百艘
煙炎灼天 海水爲丹 王扶餘豐脫身而走 不知所在 或云奔高句麗 獲其寶劍
王子扶餘忠勝忠志等帥其衆 與倭人並降."
『三國史記』新羅本紀 文武王 11年 答薛仁貴書, "至龍朔三年 摠管孫仁師
領兵來救府城 新羅兵馬亦發同征 行至周留城下 此時 倭國船兵 來助百濟
倭船千艘 停在白沙 百濟精騎 岸上守船 新羅驍騎爲漢前鋒 先破岸陣 周留
失膽 遂卽降下."

19) 『日本書紀』卷 第27 天智天皇 2年, "百濟王豐璋 與數人乘船 逃去高麗."

20) 『日本書紀』卷 제27 天智天皇 3年, "九月辛亥朔丁巳 百濟州柔城 始降於
唐."

21) 이도학, 2003, 『살아있는 백제사』, 휴머니스트, 319쪽 ; 金榮官, 2005, 『百濟
復興運動研究』, 書景文化社, 208~212쪽.

22) 『三國史記』百濟本紀 義慈王 20年, "餘黨悉平 仁師等振旅還 詔留仁軌 統兵
鎭守 兵火之餘 比屋凋殘 殭尸如莽 仁軌始命 瘞骸骨 籍戶口 理村聚 署官長
通道途 立橋梁 補堤堰 復坡塘 課耕種 賑貧乏 養孤老 立唐社稷 頒正朔及廟
諱 民皆悅 各安其所."

23) 『舊唐書』卷84 列傳 第34 劉仁軌, "百濟餘衆 各安其業 於是漸營屯田 積糧
蕪士 以經略高麗."

24) 『天地瑞祥志』 卷20 盟誓.

25) 『三國史記』 新羅本紀 文武王 3年, "夏四月 大唐以我國爲鷄林大都督府 以王爲鷄林州大都督."

26) 『三國史記』 新羅本紀 文武王 3年, "任存城自不下 冬十月二十一日攻之 不克 至十一月四日班師 至舌利停."

27) 『三國史記』 新羅本紀 文武王 11年 答薛仁貴書, "至龍朔三年 摠管孫仁師 領兵來救府城 新羅兵馬亦發同征 行至周留城下 此時 倭國船兵 來助百濟 倭船千艘 停在白沙 百濟精騎 岸上守船 新羅驍騎爲漢前鋒 先破岸陣 周留 失膽 遂卽降下 南方已定 廻軍北伐 任存一城 執迷不降 兩軍併力 共打一城 固守拒捍 不能打得 新羅卽欲廻還 杜大夫云 準勅 旣平已後 共相盟會 任存 一城 雖未降下 卽可共相盟誓 新羅以爲 準勅 旣平已後 共相盟會 任存未降 不可以爲旣平 又且百濟 姦詐百端 反覆不降 今雖共相盟會 於後恐有嚙臍 之患 奏請停盟."

28) 盧重國, 2003, 『백제 부흥운동사』, 一潮閣, 301쪽.

29) 『三國史記』 新羅本紀 文武王 4年 2月, "角干金仁文 伊湌天存 與唐勅使劉仁 願 百濟扶餘隆 同盟于熊津."

30) 李秉延, 1936, 『朝鮮寰輿勝覽』 報恩郡 山川, 普文社, 2쪽.

31) 『三國史記』 新羅本紀 文武王 11年 答薛仁貴書, "至麟德元年 復降嚴勅 責不 盟誓 卽遣人於熊嶺 築壇 共相盟會 仍於盟處 遂爲兩界 盟會之事 雖非所願 不敢違勅 又於就利山 築壇 對勅使劉仁願 歃血相盟 山下爲誓 畫界立封 永爲疆界 百姓居住 各營産業."

32) 유인궤가 지은 회맹문은 『삼국사기(三國史記)』, 『구당서(舊唐書)』, 『신당서 (新唐書)』, 『천지서상지(天地瑞祥志)』 등에 실려 있다. 이 중 『천지서상지』 에 실린 내용이 가장 자세하다. 취리산회맹의 전반적인 내용에 대해서는 김태식의 폭 넓은 고찰이 있어 참고할 수 있다(김태식, 2005, 「唐 高宗 封禪大典, 그 예행 의식으로서의 취리산회맹」, 『韓國古代文化硏究』, 백산 자료원, 221~266쪽).

33) 『三國史記』 新羅本紀 文武王 11年 答薛仁貴書, "又將百濟婦女 嫁與新羅漢 城都督朴都儒 同謀合計 偸取新羅兵器 襲打一州之地 賴得事覺 卽斬都儒 所謀不成."
취리산회맹에서 약속한 대로 신라는 한성주 도독 박도유와 백제 여인을 혼인시켰다. 그러나 백제 여인과 혼인한 박도유는 백제인과 모반을 꾀하다 가 발각되어 처형되었다.

34) 유인궤와 함께 태산(泰山)으로 가서 봉선(封禪)에 참여한 왜와 탐라 사신들
   은 취리산회맹에 먼저 참여하였다(김태식, 2005, 「唐 高宗 封禪大典, 그
   예행 의식으로서의 취리산회맹」, 『韓國古代文化硏究』, 백산자료원, 234
   쪽).

35) 백제 고토에 웅진도독부와 7주 51현을 설치하는 문제는 이미 664년 2월
   웅령회맹에서 결정된 것으로 보기도 한다(千寬宇, 1989, 「馬韓諸國의 位置
   試論」, 『古朝鮮史·三韓史硏究』, 一潮閣, 397쪽 ; 李道學, 1987, 「熊津都督
   府의 支配 組織과 對日本政策」, 『白山學報』34, 白山學會, 87~88쪽). 그러
   나 필자는 1도독부 7주 51현은 취리산회맹 이후에 설치한 것으로 보는
   견해에 찬동한다(池內宏, 1960, 「百濟滅亡後の動亂及び唐·羅·日三國の
   關係」, 『滿鮮鮮史硏究』上世第二冊, 吉川弘文館, 178~184쪽 ; 末松保和,
   1935, 「百濟の故地に置かれた唐の州縣について」, 『靑丘學叢』19 ; 末松保
   和, 1996, 『高句麗と朝鮮古代史』, 吉川弘文館, 96쪽 ; 盧重國, 2003, 『백제
   부흥운동사』, 一潮閣, 304쪽).

36) 문무왕의 답설인귀서(答薛仁貴書)에 당의 부당한 처사에 대한 신라의 불만
   이 고스란히 담겨 있다.

웅진도독 부여융과 신라 문무왕의
취리산 회맹지(會盟址) 검토
-현재의 취리산과 연미산을 중심으로-

양 종 국 공주대학교 사학과 교수

1. 취리산 회맹지를 둘러싼 의문

웅진도독 부여융(扶餘隆)과 신라 문무왕(文武王)이 665년 8월 웅진, 즉 지금의 공주에 위치한 취리산에서 만나 회맹을 한 역사적 사실은 잘 알려져 있다. 현재 공주생명과학고등학교(전 공주농업고등학교) 뒤편의 작은 산을 취리산이라고 부른다. 그럼에도 정작 부여융과 문무왕의 회맹지였던 옛 취리산의 역사 현장이 어디인가라는 문제에 대해서는 일치된 의견이 없다. 그곳에 대한 학자들의 비정은 현재의 취리산과 연미산으로 크게 갈라져 왔다.

현재의 취리산을 회맹지로 보는 견해에는 다음과 같은 근거가 있다. 이미 조선시대의 『신증동국여지승람(新增東國輿地勝覽)』에서 연미산은 공주 서쪽, 취리산은 공주 북쪽에 있는 별개의 산으로 소개하고 있으며, 공주 사람들은 공주생명과학고등학교의 뒷산을 취미산 또는 치미산으로 불러 왔는데 세월의 흐름 속에서 취리산 명칭이 변형되고 와전되었으리라는 것이다. 연미산을 회맹지로 보는 입장 또한 나름대로의 근거가 있다. 연미산이 금강 가에 위치하며 주변에서 가장 높은 산으로 오랫동안 이름이 알려져 왔고, 정상부에 석축 기단 시설이 남아 있어서 자연스럽게 회맹의 적지로 주목받을 수 있다는 것이다.

그러나 현재까지 어느 곳에서도 회맹지를 둘러싼 문제를 해결해 줄 만한 결정적인 단서가 나오지 않았다. 예를 들어 공주대학교 박물관에서는 이미 1997년에 현재의 취리산을 시굴조사한 후 1998년에 『제·라회맹지 취리산(濟·羅會盟址 就利山)』이라는 보고서를 발간했으나 뚜렷한 증거는 제시하지 못했으며, 다시 2008년에는 '취리산 회맹단지 추정부지'라는 제목을 걸고 연미산 정상부의 석축 기단 시설을 조사하기도 했다. 물론 이곳에서도 분명한 증거물은 나오지 않았다.

결국 취리산 회맹지를 둘러싼 문제는 백제사에서 앞으로 해결해야 할 또 하나의 과제다. 이 글에서는 지금까지의 회맹지에 대한 조사와 발굴 활동을 포함한 내용을 살펴보고 우리나라와 중국의 회맹 및 제단(祭壇) 관련 사료들을 비교 분석하여 현재의 취리산과 연미산 중 과연 어느 곳이 회맹지의 가능성이 큰지 알아보려고 한다.

2. 회맹의 역사적 의미와 회맹지 현황

취리산회맹은 665년 8월 취리산에서 웅진도독 부여융과 신라 문무

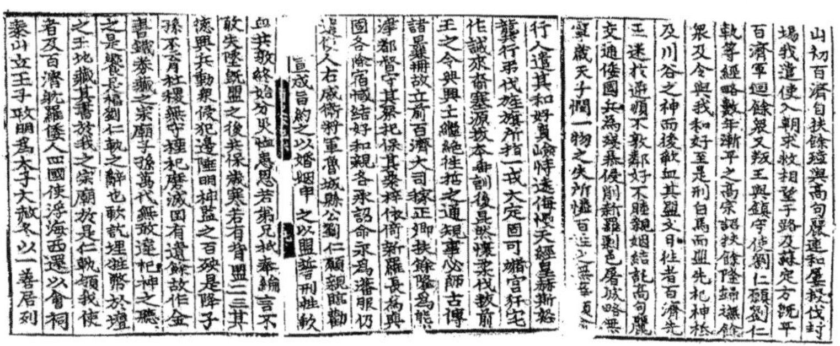

[삽도 1] 『삼국사기(三國史記)』 문무왕 본기의 취리산 맹약문 내용

왕 사이에 맺은 화친의 맹약을 가리킨다. 백제가 나당연합군에게 점령당한 뒤 의자왕과 함께 당나라로 끌려간 부여융은 백제 태자로서 자신의 위상을 되찾고 백제를 재건하기 위해 당과 손을 잡을 수밖에 없었다. 그 결과 백제 지역에 친당정권(親唐政權)을 심어 놓으려던 당은 백촌강구 전투의 승리로 백제 지역이 어느 정도 안정되자 664년 10월 부여융을 웅진도독으로 임명하였다.[1]

웅진도독으로서 백제 지역의 행정 책임을 맡게 된 부여융은 이후에도 신라에게 빼앗긴 백제의 영토를 되찾기 위해 철저하게 친당정책을 고수하였다. 부여융이 지닌 웅진도독의 지위가 군사적으로 신라에 맞설 만한 충분한 힘을 지니고 있지 못했다는 점에서 그의 선택은 불가피한 것이었다. 그리고 당나라는 이러한 부여융을 중심으로 한 백제의 존재를 신라와 마찬가지로 한반도 내에서 인정해 줌으로써 신라를 압박하고 중국 중심의 국제질서를 재확립시킬 목적으로, 665년 8월 부여융과 신라 문무왕 사이의 회맹을 취리산에서 갖도록 했다.

당나라는 이미 663년 4월에 신라를 계림대도독부(鷄林大都督府), 문무왕(文武王)을 계림주대도독(鷄林州大都督)으로 임명해 놓은 상태

二年十月丁卯帝發東都赴東嶽從駕文武兵士及儀
仗法物相繼數百里列營置幕彌亘郊原突厥于闐波
斯天竺國屬賓烏萇崑崙倭國及新羅百濟高麗等諸
蕃酋長各率其屬扈從穹廬氈帳及牛羊駝馬填候道
路是時頻歲豐稔斗米至五錢豆麥不列於市議者以
為古來帝王封禪未有若斯之盛者也十二月丙午至
齊州停十日丙辰發靈巖頓至於太嶽之下庚申帝御
行宮牙帳以朝羣臣
乾封元年正月戊辰朔有事於泰山親祠昊天上帝於
封祀之壇己巳帝登於泰山封玉牒於介丘庚午降禪
於社首山皇后為亞獻越國太妃燕氏為終獻先是李

[삽도 2] 당 고종의 태산 봉선 기사에 나오는 백제(좌)와 부여융의 태산 봉선 참여 사실이 들어 있는 「부여융 묘지명」 탁본(우)

였다.[2] 신라 문무왕은 당나라의 압력에 의해 어쩔수없이 부여융과 동등한 입장에 서게 되었고 결국 유인원이 주재한 취리산회맹을 통해 부여융과 백마의 피를 입에 적시면서 화친의 맹약을 맺기에 이르렀다.[3] 취리산회맹 직후 백제를 대표하는 입장에서 부여융은 당에 들어가 고종의 태산 봉선의식(封禪儀式)에 참가하고 곡부(曲阜)의 공자묘(孔子廟)에서 제사를 주관하는 등 웅진도독의 임무를 수행하였다.[4] 그리하여 부여융은 비록 공식적으로 백제왕이 아닌 웅진도독의 지위이기는 했지만, 신라가 671년 사비성(현 부여)에 소부리주(所夫里州)를 설치하기 이전까지 백제의 명맥이 한반도에서 유지될 수 있도록 하였다.

백제 영역 전체를 차지하려던 신라와 달리, 백제의 명맥을 유지시켜 주면서 한반도 내에 중국 중심의 국제질서가 아무런 문제없이 통용되도록 만들어 놓으려는 것이 당나라의 궁극적인 목적이었다.

[삽도 3] 부여융이 공자묘에서 제사를 주관한 사실을 소개한 곡부 공자묘의 비문(「唐高宗祭告孔子廟文碑」)

유인궤가 작성한 취리산 맹약문에는 이러한 당나라의 의도가 잘 드러나 있다. 따라서 웅진도독 부여융과 신라 문무왕 사이에 취리산회맹이 있었다는 것은 그 자체가 자의건 타의건 신라 역시 백제의 존재를 인정한다는 것을 의미한다.

665년 8월 유인원의 주재로 부여융과 문무왕은 화친의 맹약을 맺으면서 웅진, 즉 지금의 공주에 있는 취리산에 제단을 만들고 백마를 잡아 의식을 행했다. 그리고 희생으로 쓰인 백마와 제물은 제단의 북쪽에 묻고 제문(祭文)은 신라의 종묘에 간직해 두도록 하였다.5) 사실 현상 유지 차원에서 당나라의 주도로 이루어진 취리산회맹은 이미 신라에게 영토의 많은 부분을 잠식당한 백제나 백제의 전 영토를 여전히 욕심내고 있던 신라 모두에게 만족하기 힘든 것이었다. 그리하여 맹약은 곧 깨지고 양국 간의 영토 다툼이 일어남으로써 회맹 장소 역시 방치되고 제단 또한 빠르게 훼손될 수밖에 없었다. 결국 나당전쟁으로 웅진도독부가 한반도에서 쫓겨나고 이어서 통일신라·고려·조선을 지나

오늘날에 이르는 동안 제단터는 물론 취리산의 존재조차 찾기 어려운 지경에 이르렀다.

3. 회맹지의 조사와 발굴 활동

취리산 회맹지의 위치는 공주의 연미산이나 취리산, 대전의 질티 등 여러 곳으로 비정되고 있는데 대개 웅진성을 근거로 공주의 연미산과 취리산으로 양분되고 있다.[6] 그러므로 이들 두 산의 정상부에 대한 조사와 발굴이 개략적으로나마 시행되기도 했었다. 우선 취리산(취미산 또는 치미산)에 대한 조사 내용을 살피면 다음과 같다.

1955년 공주군이 발행한『백제고도(百濟古都) 공주(公州)의 명승고적(名勝古蹟)』의「취리산(就利山)의 천제단지(天祭壇址)」에는 현재 공주생명과학고등학교 뒷산인 '취미산'은 '취리산'이 잘못 전해진 것이며, 그곳에서 취리산 맹약 시에 사용한 것으로 추측되는 백제토기를 찾았다고 나온다.[7] 하지만 주장을 뒷받침해 주기에는 출토 유물이 너무 빈약하고, 또한 찾았다는 백제토기도 직접 확인해 볼 수가 없어 많은 아쉬움이 있다.

1997년에는 공주대학교 박물관에서 취리산에 대해 시굴조사를 시도했다.[8] 그 결과 40여 지점에서 주로 분묘와 관련된 백제시대 유구가 폭넓게 분포하고 있음을 확인했고, 이로써 취리산이 유적지로서 충분한 가치를 지니고 있음도 인정받게 되었다. 잔존하고 있는 유적을 보면 백제가 웅진으로 천도하기 이전에 조영된 토광묘부터 천도 후 조영된 석축묘까지 비교적 오랜 기간에 걸쳐 유적이 조영된 지역이란 사실도 알 수가 있다. 다시 말해 이 취리산은 당시 사람들이 쉽게

[삽도 4] 공주 취리산 출토 단지(국립공주박물관)

접근할 수 있었던 곳이었다. 그러나 이때의 시굴조사에서 취리산 회맹지와 관련된 제단 및 매장유물 등은 찾지 못했다. 다만 오랜 세월의 흐름 속에서 자연적으로나 혹은 인위적으로 훼손되었을 가능성은 얼마든지 있다.

한편 연미산을 취리산 회맹지로 추정하는 학자들은 이곳에 조성되어 있는 석단(石壇)과 무너진 부분의 토층 단면, 주변에서 간혹 발견되는 통일신라 후기의 토기편, 그리고 오늘날 지도상에 나타나는 연미산의 명칭이 취리산과 음이 비슷한 취미산(鷲尾山)으로 되어 있기도 하다는 점을 들어 연미산 석단이 취리산회맹에 등장하는 축단(築壇)일 가능성을 주장했다.9) 그러나 『신증동국여지승람(新增東國輿地勝

[삽도 5] 연미산 정상부 석단 발굴 안내판

130

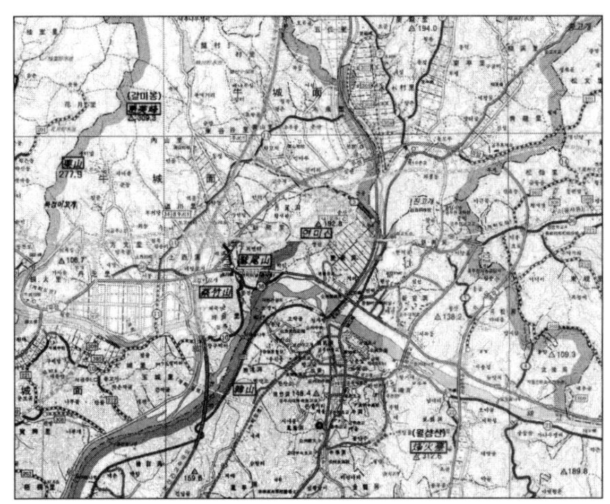

[삽도 6] 연미산과 취미산(鷲尾山)이 혼용된·오늘날의 공주 지도

覽)』에는 분명히 연미산과 회맹 장소인 취리산을 서로 무관한 별개의
산으로 소개하고 있다.[10] 오늘날의 지도가 조선시대의 관찬지리서인
『신증동국여지승람』보다 큰 의미를 지닐 수는 없다. 따라서 연미산을
취미산으로 표기하고 있는 현재의 지도에는 무언가 착오가 있다고
보아야 한다. 착오의 원인이 어디에 있는지 확실히 말하기는 어려우
나, 이병도 선생이 연미산을 '연미산(鷰尾山)'으로 소개하고 있는 것을
볼 때[11] 지도상의 '취미산(鷲尾山)'은 '연미산(鷰尾山)'의 오자(誤字)로
생각된다.

  연미산 정상부의 석단 시설에 대한 구체적인 조사는 공주대학교
박물관에 의해 이루어졌다. 2008년 11월 26일에서 12월 10일에 걸쳐
'취리산 회맹단지 추정부지'라는 제목을 걸고 비교적 간단한 시굴조사
가 실시되었고, 그 결과 연미산 정상부에 현존하는 석축 기단 중
하부 시설은 7세기 무렵 축조된 백제 또는 통일신라시대의 것으로

[삽도 7] 연미산 석단의 보축 상황을 표시한 사진

볼 수 있게 되었다. 그러므로 시굴조사는 연미산 정상부의 석단이 취리산 회맹지일 수도 있다는 기대감을 불어넣어 주었다. 하지만 석축 기단 하부 시설의 편년이 취리산회맹이 있었던 7세기 무렵까지 올라갈 수 있다고 해도 그것이 곧 취리산회맹 때 쓰인 제단으로는 보기 어려운 측면이 있다.

첫째, 공산성을 비롯해 주변 전체를 멀리까지 내다볼 수 있는 입지적 성격을 염두에 둔다면 연미산 정상부의 석축 기단은 제사 시설보다 오히려 군사 관련 시설이었을 가능성도 점쳐진다.

둘째, 부여융과 문무왕 사이에 맺어진 취리산 맹약은 당나라의 필요에 따라 일방적으로 진행된 일회성 행사였다. 때문에 어쩔수없이 끌려가는 입장이었던 웅진도독부체제 하의 백제나 신라가 제단 조성 공사에 적극적이지 않았을 것이고, 그렇다면 접근성이라는 측면에서도 꽤 높은 연미산 정상부를 회맹지로 선택했을 가능성도 크지 않아 보인다.

셋째, 회맹이 일회성 행사였고 따라서 그 제단 역시 영구 보존할 필요가 없는 상황이었다는 측면에서 생각한다면 구태여 높은 산에 석축 시설을 힘들게 만들었을 것 같지도 않다.

이러한 가능성들이 조금이라도 받아들여진다면 연미산 정상부의 석축 시설을 취리산 회맹 제단으로 보기는 어려울 듯하다.

다만 지금까지는 두 산 중 어느 곳에서도 취리산 회맹지임을 밝혀 줄 만한 결정적인 증거가 출토되지 않은 상태다. 때문에 앞으로 좀더 심층적인 발굴을 통해 해답의 실마리를 찾을 수 있기를 기대해 본다. 물론 1300년이 넘는 오랜 세월의 풍파 속에 모든 관련 유적들의 흔적 조차 사라져 이 문제가 생각만큼 쉽게 해결되지 못할 수도 있다.

4. 제단의 종류와 위치비정

당 고종 인덕(麟德) 3년(666년, 乾封 元年) 태사(太史) 살수진(薩守眞)이 편찬한『천지서상지(天地瑞祥志)』에 의하면12) 취리산은 본래 난산(亂山)으로 지마현(只馬縣)에 있는데 부여융과 문무왕이 이곳에서 맹약을 맺어 취리산으로 고쳐 불렀다고 한다. 이름 없이 여기저기 주변에 솟아 있는 높고 낮은 산을 뜻하는 '난산(亂山)'이란 표현은 비교적 높은 연미산보다는 상대적으로 낮은 취리산이 더 어울린다.13) 다시 말해『천지서상지』의 내용에 따르면 이름 없는 무명의 산이 회맹이 이뤄짐에 따라 '취리산'이라는 이름을 얻게 되었다는 것이니 본래는 시선을 끌 정도로 두드러진 산이 아니었음을 알 수 있다. 특히『신증동국여지승람』에서도 공주 서쪽에 있는 여미산(余美山), 즉 연미산과 회맹 장소로 쓰인 공주 북쪽의 취리산은 서로 무관한

[삽도 8] 곰나루 쪽에서 바라본 연미산(좌)과 취리산(우)

[삽도 9] 북송대 작품 봉선행렬도(좌)와 오늘날 태산 오르는 길(우)

별개의 산으로 소개하고 있다. 그렇다면 취리산회맹은 자연스럽게 현재의 취리산에서 이루어졌다는 결론에 가까워지게 된다.

부여융은 취리산회맹이 끝난 직후 유인궤를 따라 중국으로 건너가서는 665년 10월부터 666년 1월에 걸쳐 방대한 규모로 거행된 당의 봉선 의식에 참여한 뒤 고종의 명을 받아 666년 2월에는 태산 부근에 있는 곡부의 공자묘에서 제사를 주관했다.[14] 취리산회맹 당시의 제사 성격이 분명하게 드러나지 않기 때문에 중국의 봉선 의식과 그에 따른 제단은 취리산 회맹지의 비정에 도움이 될 것이다.

천명(天命)의 수여자인 중국 천자(天子)가 태평 시대를 맞아 하늘에

134

[삽도 10] 태산 주봉 옥황정에 세워진 옥황묘 앞 옛 봉선단 유적지

감사하고 천지신명에게 축복과 장수 등을 빌기 위해 태산(泰山)에서 하늘과 땅에 제사 지내는 것을 봉선(封禪)이라 한다. 사마천의 『사기(史記)』「봉선서(封禪書)」에서는 오랜 옛날부터 한대(漢代)까지 봉선이 있었다고 했지만 5경(五經)을 중심으로 한 유교경전에서는 봉선에 관한 내용이 보이지 않아서 사실 여부에 의문이 생긴다. 역사 기록에 나타난 최초의 봉선은 진시황제(秦始皇帝)가 거행한 것이다. 따라서 중국 역사 상의 봉선은 보통 진(秦)·한(漢) 시기에 시작된 것으로 여겨진다.

봉선에서 '봉(封)'은 하늘(天)의 공(功)에 보답하기 위해 태산 정상에 올라 토단(土壇)을 만들고 하늘에 제사 지내는 것을 의미하며, '선(禪)'은 땅(地)의 공에 보답하려 태산 아래 동남쪽의 작은 산, 즉 양보(梁父, 梁甫)에 단을 만들고 땅과 산천에 제사 지내는 것을 뜻한다. 그러므로 봉선은 "봉태산선양보(封泰山禪梁父)"의 줄임말이라 할 수 있다. 봉선의 시작 연대에 대해서는 많은 논쟁이 있어 왔으나, 그 장소가 태산과 양보라는 점에는 이견이 없다.

중국 송대(宋代)의 고승(高承)이 편찬한 『사물기원(事物紀原)』과 송대의 축목(祝穆)이 편찬하고 청대(淸代)의 육비지(陸費墀)가 교감한 『고금사문류취(古今事文類聚)』에 따르면 중국의 봉선 의식은 먼저 태산에 올라 하늘에 제사를 지낸 뒤 내려와서는 양보에서 땅에 제사 지냈다고 하였다.15) 그리고 땅에 대한 제사인 선(禪)은 태산처럼 큰 산이 아니라 모두 작은 산이었다. 즉 봉선에는 두개의 제단을 만든다. 먼저 하늘에 대한 제사는 높이를 더욱 증대시킨다는 의미로 높은 태산 정상의 제단에서 지내고, 다음 땅과 산천에 대한 제사는 두터움을 증대시킨다는 의미로 태산 아래의 낮은 산에 마련한 제단에서 지낸다는 것이다. 말하자면 제사의 종류에 따라 장소는 물론 제단의 성격도 달랐다.

또 『설문(說文)』에는 제사 터를 두 종류로 설명하고 있다. 즉 흙(土)을 쌓아 만든 것을 단(壇), 땅(地)을 깎아 만든 것을 선(墠)이라 하였다. 그런데 『고금사문류취』의 세주(細注)를 보면 선(禪)이란 땅을 깎고 다듬어 단(壇)을 만드는 것으로 본래 '선(墠)'이지만 신에게 제사를 지내기 때문에 '土' 대신 '示'를 붙였다는 것이다. 이를 통해 태산의 제단인 봉(封)은 흙을 쌓아올려 만들었고, 땅과 산천에 제사 지내는 양보 등 낮은 산의 제단인 선(禪)은 땅을 깎아 만들었음을 알 수 있다.

이상과 같은 중국의 봉선 의식 및 제단의 종류와 취리산회맹 당시 제사의 성격을 연결시켜 보면 흥미로운 결과가 나온다. 취리산회맹의 제사 대상은 『구당서』에서 신기(神祇)와 천곡지신(川谷之神)이라 했고,16) 『천지서상지』 맹세조(盟誓條)에서는 황천(皇天)·후토(后土)·

산곡신기(山谷神祇)라고 했다.[17] 곧 취리산회맹 때 제사를 지낸 대상은 하늘과 땅의 모든 신들을 포함하고 있지만 땅과 산천을 의미하는 신의 비중이 더 크게 느껴진다. 더욱이 희생으로 쓰인 백마와 제물 등을 제단 북쪽 땅에 묻었다는 내용은 땅과 산천의 신이 실질적인 제사의 대상이었음을 뜻한다.

특히 『예기』에서 제천지(祭天地) 의식은 천자만이 가능하고 제후는 사직(社稷)과 경내(境內)의 산천(山川)에만 제사한다[18]고 했듯이 당이 개입한 상황에서 부여융과 문무왕이 하늘에 대한 제사를 거행하기는 어려웠을 것이다. 『삼국사기』의 「답설인귀서」에서 "취리산에 축단(築壇)하고 …… 산하(山河)에 맹세했다"고 한 부분은 회맹 당시 제사의 대상이 산천이었음을 분명하게 보여준다.[19] 그렇다면 취리산 회맹지 역시 연미산처럼 주변에서 가장 높은 산보다는 오히려 현재의 취리산처럼 작고 낮은 산이 후보지로 더 적합하며, 제단 역시 석축 기단을 쌓아올리기보다는 땅을 깎고 다듬어 만든 토단(土壇)이었을 가능성이 더 크다.

한편 중국의 황제가 도성(都城)에서 제사 지낼 때의 제단에 대해 살펴보아도 의미 있는 결과를 발견할 수 있다. 중국 황제는 일반적으로 종묘 외에도 도성의 남북에 제단을 각각 하나씩 만들어 놓고 하늘과 땅에 제사를 지냈다.[20] 『진서(晉書)』와 『주례(周禮)』, 『책부원귀(冊府元龜)』에 따르면 천단(天壇)과 지단(地壇), 두개의 제단을 도성 밖 남쪽과 북쪽에 각각 하나씩 만들어 하늘과 땅에 대한 제사를 구별하여 거행한 것으로 나타난다.[21] 취리산 회맹지의 제단 역시 천단(天壇)보다는 지단(地壇)의 성격을 지녔을 것이다. 그렇다면 지단이 북쪽에 설치되는 중국의 예에 비추어 볼 때 취리산회맹은 각종 지리지에서 공주 서쪽으로 인식되고 있는 연미산보다 북쪽으로 받아들여지는 현재의 취리산에서 거행되었다고 보는 것이 합리적이다. 지단의 경우 물은 없지만 상징적으로 주변에 연못을 만들어 둘렀기 때문에 '방택(方澤)'이라고도 불리듯이 제사 대상인 땅과 산천을 형상화시켰다.22) 취리산은 바로 앞으로 금강이 있고 양 옆과 뒤로는 정안천 같은 크고 작은 하천이 감싸며 흐르고 있어 산천에 제사 지내는 지단으로서의 입지 조건을 갖추고 있다.

끝으로 춘추시대 중국의 제후들 사이에서 행해져 후대까지 그 영향이 이어져 온 중국 전통의 회맹과 관련해 살펴보아도 마찬가지의 결론에 도달한다. 청(淸) 건륭제(乾隆帝) 때 편찬된『오례통고(五禮通考)』에는 춘추시대 제후들의 회맹과 관련된 내용이 자세히 소개되어 있다.23) 이에 따르면 먼저 네모난 구덩이(方坎)를 파고 맹약과 삽혈(歃血) 의식을 행한 후 희생물을 모두 묻었다. 이때의 희생물은 참여자의 신분에 따라 달랐다.24) 다음 회맹 장소는 극지(郤地)로 표현되는데, 사용하지 않는 빈 땅을 의미한다. 그곳은 산의 정상부라기보다는 대개 산의 아래 부분에 마련되었다. 진(晉)의 정공(定公)과 오왕(吳王) 부차(夫差)가 회맹했다는 황지(黃池)처럼 하천 주변에 나타나는 경우도 있었다.25) 아마도 회맹 장소는 편의에 따라 자유롭게 선정되었던 것으로 생각된다. 한편 제후의 회맹도 단을 만들고 신에게 제사를 지냈는데, 그 신의 종류를 제한하지는 않았다. 다만, 산천과 조상신들이 언급되고 하늘(天)은 포함되지 않아『예기』의 규정이 그대로 반영된 모습이 나타난다. 따라서 회맹지에서 제후들이 거행하는 제사의 주 대상은 산천이었고, 그 제단의 성격도 지단(地壇)과 비슷했다.

이상과 같은 중국 회맹의 전통은 취리산회맹에서 존중되었을 것이다. 때문에 취리산 회맹지의 위치 비정 문제 역시 위와 같은 중국의 전통적인 회맹 의식을 이해할 때 보다 사실적인 접근이 가능할 것이다. 취리산회맹이 있은 지 약 120년 후 당은 토번(吐蕃)의 요청으로 정원(貞元) 3년(787) 중국 감숙성(甘肅省)의 천단산(天壇山) 부근에 다른 회맹단지를 만들었다. 『감숙통지(甘肅通志)』 산천조에는 천단산 아래에 전진동(全眞洞)이라는 동굴이 있는데 그 동굴 서쪽에 회맹단을 만들었다고 하였고,[26] 또 같은 책 고적조에는 천단산의 서쪽에 회맹단이 있다고 했다.[27] 다시 말해 이 회맹단은 천단산 정상이 아니라 그 산 아래의 서쪽에 만들어졌다는 것이다. 그렇다면 당의 주도로 만들어진 취리산 회맹단 역시 접근하기 어려운 연미산 같은 높은 산의 정상이 아니라 접근성이 비교적 용이한 아래의 다른 낮은 지역에 만들어졌을 가능성이 클 것이다.

5. 앞으로의 과제와 기대

역사에 관한 많은 말들이 있다. "역사는 해석이다," "현재를 지배하는 자가 과거(역사)를 지배한다," "역사는 승자의 기록이다" 등등의 말은 역사의 주인공인 인간이 자신의 입장에 유리하도록 역사를 해석하고 기록하고 관리해 온 사실을 지적한 것이다. 이렇게 만들어진 역사는 물론 진정한 의미의 역사라고 보기 어렵다. 하지만 이런 결과물들이 앞으로의 역사연구를 위해 계속 정리되고 활용되어야 할 사료로서의 가치를 지니고 있음도 부정할 수 없다.

한편 "사료가 없으면 역사도 없다", "역사는 과학이다", "역사는 예술이다", "역사적 상상력은 역사의 이해를 풍부하게 한다" 등등의 역사연구자들을 향한 발언도 있다. 이것은 올바른 역사학연구방법론의 필요성을 지적한 말들이다. 의미를 새겨보면, 역사 연구에 필수적인 사료들을 과학적인 방법으로 수집·분석하고 올바로 활용해야만 누구나 의심 없이 받아들일 수 있는 객관적인 역사 사실, 즉 역사적 진실을 밝혀낼 수 있다는 것, 사료가 부족하거나 없는 경우에는 추리소설 같은 공상이 아닌 역사시대적 상황에 부합될 수 있는 상상력, 즉 역사적 상상력을 발휘하여 진실을 찾아낼 수 있는 능력도 갖추고 있어야 한다는 것, 연구 결과물을 이해하기 쉽게 예술적으로 표현해 내어 역사연구자만이 아니라 일반인들도 역사에 관심을 갖도록 하고 역사 지식도 폭넓게 전파시킬 필요가 있다는 것 등으로 해석할 수 있을 것이다.

역사연구자가 올바른 역사학 연구방법론을 습득하고 있어야 함은 말할 필요도 없다. 진정한 의미에서의 역사란 바로 이러한 올바른 역사학 연구방법론을 활용해 역사가가 밝혀낸 사실 자체, 그리고 그 사실을 기록하거나 또는 영상 등으로 만들거나 복원해 놓은 것이라 할 수 있다. 여기에서도 이러한 방법을 활용하여 객관적 사실에 다가가려 힘썼다. 그 결과로 부여융과 신라 문무왕이 맹약을 위해 665년 8월에 만났던 취리산 회맹지는 연미산보다 현재의 취리산일 가능성이 크다는 결론을 얻게 되었다. 그러나 필자의 연구방법론이나 연구 능력이 아직 완벽하지 못한 것도 사실이고 연구 시각 역시 개인적인 한계가 있을 수 있다. 때문에 독자들에게 이 결론을 역사적 사실로 받아들이도록 강요하고 싶은 마음은 없다. 다만 보다 더 나은 역사학 연구방법론을 이용한 연구 또는 연미산이나 취리산에 대한 심층적인 발굴이 추가로 더 이루어지길 기대한다.

참고문헌

『삼국사기(三國史記)』.
『신증동국여지승람(新增東國輿地勝覽)』.
『동국여지지(東國輿地志)』.
『주례주소(周禮注疏)』.
『주례집설(周禮集說)』.
『예기집설(禮記集說)』.
『사기(史記)』.
『진서(晉書)』.
『천지서상지(天地瑞祥志)』.
『책부원귀(冊府元龜)』.
『구당서(舊唐書)』.
『사물기원(事物紀原)』.
『고금사문류취(古今事文類聚)』.
『통지(通志)』.
『예부지고(禮部志稿)』.
『오례통고(五禮通考)』.
『어정연감류함(御定淵鑑類函)』.
『감숙통지(甘肅通志)』.

공주군, 1955, 『百濟古都 公州의 名勝古蹟』.
公州大學校博物館·忠淸南道 公州市, 1998, 『濟·羅會盟址 就利山』.
공주대학교 백제문화연구소, 2004, 『백제부흥운동사연구』, 서경문화사.
양종국, 2006, 『中國 史料로 보는 百濟』, 서경문화사.
양종국, 2004, 『백제 멸망의 진실』, 주류성.
양종국, 2008, 『의자왕과 백제부흥운동 엿보기』, 서경문화사.

주_

1) 백촌강구 전투에 대한 자세한 내용은 졸저, 2004. 7,『백제 멸망의 진실』, 도서출판 주류성, 144~169쪽 참조.

2)『三國史記』卷6 新羅本紀6 文武王 上 3年 夏4月條.

3)『三國史記』卷7 新羅本紀7 文武王 下에 나오는「答薛仁貴書」의 麟德 元年 (664) 내용 중에는 원치 않으면서도 중국 황제의 명령을 감히 어길 수 없어서 부득이하게 회맹을 맺게 된 신라의 입장이 잘 나타나 있다.

4) 부여융의 활동 내용은 졸저, 앞의 책, 111~195쪽 참조.

5)『三國史記』卷6 新羅本紀6 文武王 上 5年 秋8月條.

6)『國譯 三國史記』(李丙燾 譯註, 1977, 乙酉文化社) 卷6 新羅本紀6 文武王 上 95쪽에서는 연미산(鷰尾山),『古代韓國人名辭典 6~10世紀 在中國活動 人物 中心』(崔根泳・嚴聖欽, 2004, 도서출판 주류성), 212쪽 부여융(扶餘 隆, 615~682)에서는 공주의 연미산,「鷲尾山石壇과 就利山築壇」(李漢祥・申英浩, 2001,『國立公州博物館紀要』創刊號)에서는 연미산(燕尾山)을 취미산(鷲尾山)으로 보면서 연미산을 곧 회맹지로 보고 있다. 한편 1955년 공주군이 발행한『百濟古都 公州의 名勝古蹟』(25. 就利山의 天祭壇址) 64쪽에서는 전공주농업학교(前公州農業學校) 구지(舊址) 배후에 고립한 산을 취미산이라 부르는데, 이는 취리산의 오전(誤傳)인 듯하다고 설명하고 있다. 이 밖에「就利山 周邊 二三 地名考」(姜憲圭, 1983,『論文集－公州大學校 人文科學編』) 96~100쪽에서는 이케우치 히로시(池內宏, 燕尾山 설), 이병도(李丙燾, 鷲尾山 설), 지헌영(池憲英, 羅・濟 國境線 설), 양동주(梁柱東, 扶餘 西北二十里의 鷲利山 설) 교수 등의 주장에 대해 아홉 가지 이유를 내세워 반대하면서 공주농업고등학교 및 봉황중학교(鳳凰中學校) 뒷산인 현재의 취리산을 나제동맹의 취리산으로 보아야 한다는 주장을 하고 있다.『濟・羅會盟址 就利山』(公州大學校博物館・忠淸南道 公州市, 1998)이나『의자왕과 백제부흥운동 엿보기』(양종국, 2008, 서경문화사, 116~117쪽) 등에서도 전 공주농업고등학교(현 공주생명과학고등학교) 뒷산이 취리산일 가능성을 거론하고 있다. 대전시 가양동 일원의 질티(迭峴)를 취리산 회맹지로 비정하는 견해는 池憲英, 1967,「熊嶺會盟・就利山會盟’의 築壇 位置에 對하여」,『語文研究』5, 語文研究會 참조.

7)「二五. 就利山의 天祭壇址」,『百濟古都 公州의 名勝古蹟』, 64쪽.

8) 公州大學校博物館・忠淸南道 公州市, 1998,『濟・羅會盟址 就利山』참조.

142

9) 李漢祥·申英浩, 2001, 「鷲尾山石壇과 就利山築壇」, 『國立公州博物館紀要』 創刊號 참조.

10) 『新增東國輿地勝覽』 卷17 公州牧 古跡條에는 신라 문무왕과 웅진도독 부여융이 동맹을 맺은 취리산은 주북육리(州北六里)에 있다고 했고, 山川條에는 여미산(余美山), 즉 연미산은 주서칠리(州西七里)에 있다고 나온다. 또 『東國輿地志』 公州牧 山川條에는 연미산(娟美山)을 소개하며 주서십리(州西十里)로 되어 있어서 연미산의 한자 명칭이나 거리 등이 다소 다르게 나타나지만, 이들 기록을 통해서도 회맹 장소인 취리산과 연미산은 서로 무관한 산이라는 사실을 분명히 느낄 수가 있겠다.

11) 李丙燾 譯註, 『國譯 三國史記』 卷6 新羅本紀6 文武王 上, 95쪽에서 연미산의 한자 표기를 '鷲尾山'으로 하고 있다.

12) 『천지서상지(天地瑞祥志)』는 당(唐) 고종(高宗) 인덕(麟德) 3년(666년, 乾封元年) 태사(太史) 살수진(薩守眞)이 편찬했으나, 중국에서는 사용 흔적이 발견되지 않는다. 일본의 경우는 9세기경부터 유통되며 천문(天文) 해석에 영향을 준 것으로 나타나며, 우리의 『고려사』에도 이 책을 인용한 기록들이 보인다. 일본에서는 에도(江戶) 시대에 필사한 고본(古本)을 1686년에 다시 전사(傳寫)하여 현재 존경각(尊經閣) 문고에 보관하고 있는데, 1932년 동방문화학원(東方文化學院) 교토연구소(京都硏究所)에서 이 존경각본을 모사한 초본을 만들었다. 이것이 현재 교토 대학 인문과학연구소에 소장되어 있는 것으로 20권 중 9권만이 전해 온다. 『천지서상지』에 수록되어 있는 취리산 회맹 맹약문 내용은 졸저, 2006, 『中國史料로 보는 百濟』, 서경문화사, 177~179쪽 참조.

13) 난산(亂山)이란 명칭은 이름 없이 여기저기 주변에 솟아 있는 높고 낮은 산들을 뜻하는 것으로 흔히 사용되었는데, 당시(唐詩)의 경우 "亂山高下入商州"(武元衡 의 「從秦城回再題武關」 중에서), "亂山重疊雲相掩 君向亂山何處行"(施肩吾의 「山中送友人 중에서」) 등과 같은 표현이나 『御定淵鑑類函』 卷237 邊塞部8 揚德條의 "居惟數百人成孤城 四面皆亂山"이라는 내용 등이 보인다.

14) 당 고종의 태산 봉선 의식과 부여융의 활동에 대해서는 졸저, 2008, 『의자왕과 백제부흥운동 엿보기』, 서경문화사, 144~146쪽 및 앞에 소개한 『책부원귀(冊府元龜)』와 「부여융 묘지명(扶餘隆墓誌銘)」, 그리고 곡부 공자묘의 비문(「唐高宗祭告孔子廟文碑」) 자료 참조.

15) 文淵閣四庫全書電子版 子部 類書類, 『事物紀原』 卷2 公式姓諱部8 封禪에 "史記封禪書曰 封泰山禪梁父者七十二家 無懷氏爲之始 蓋在太昊前也 管

子亦云 遁甲開山記則太昊之後 自女媧至無懷凡十五代 乃在太昊後炎帝前
也"라 했다. 또 文淵閣四庫全書電子版 子部 類書類,『古今事文類聚』卷13
地理部 帝王封禪에 "禹封泰山禪會稽 周成王封泰山禪社首 秦始皇封泰山
禪梁甫 王者受命必封禪 封者增高也 禪者增厚也 禪除地爲壇 字本爲墠 以
其祭神故從示也 皆刻石紀號著已之功績 社首梁甫皆小山 白虎通"이라 했
다.

16)『舊唐書』卷199 上 列傳 149上 東夷 百濟國에 "麟德二年八月 隆到熊津城
與新羅王法敏刑白馬而盟 先祀神祇及川谷之神 以後歃血"이라 했다.

17)『天地瑞祥志』卷20 盟誓條에 "其文曰 維大唐麟德二年歲次己丑 八月庚子
朔十三日壬子 雞林州大都督左衛大將軍開府儀同三司上柱國新羅王金法
敏 司稼正卿行熊津州都督扶餘隆等 敢昭告于皇天后土山谷神祇"라 했다.

18) 文淵閣四庫全書電子版 經部 禮類 禮記之屬,『禮記集說』卷7에 "天子祭天
地社稷山川四方百物及七祀 諸侯祭社稷境內山川及大夫有采地祭五祀 皆
有尸也"라는 규정이 보인다.

19)『三國史記』卷7 新羅本紀7 文武王 下에 나오는 答薛仁貴書의 내용 중에는
"至麟德元年 復降嚴勅 責不盟誓 卽遣人於熊嶺 築壇 共相盟會 仍於盟處
遂爲兩界 盟會之事 雖非所願 不敢違勅 又於就利山 築壇 對勅使劉仁願
歃血相盟 山河爲誓 畵界立封 永爲疆界……"라고 나온다.

20) 文淵閣四庫全書電子版 經部 禮類 周禮之屬,『周禮集說』卷5에는 "大祭有
三 一曰祭天圜丘 二曰祭地方澤 三曰禘祫宗廟"라 나온다.

21)『晉書』卷19 志9 禮志 上 및『周禮注疏』卷22 春官宗伯 下,『冊府元龜』
卷32 上 帝王部 崇祭祀 등 참조.

22)『禮部志稿』卷81 祀法備考 稱天地壇名의 禮部尙書 上奏文 기록 중 "禮部尙
書夏言奏 圜丘方澤本法象定名 未可遽易 第稱圜丘壇 省牲則于名義未
協……"라는 내용에서는 환구(圜丘)나 방택(方澤)의 명칭이 제단의 외형적
인 모습에서 나왔다는 사실을 지적하고 있다.

23) 文淵閣四庫全書電子版 經部 禮類 通禮之屬,『五禮通考』卷229 賓禮10 諸侯
會盟遇 참조.

24)『史記』卷76 平原君虞卿列傳16의 "毛遂謂楚王之左右曰 取雞狗馬之血來
毛遂奉銅槃而跪進之楚王曰 王當歃血而定從"에 대한 사마정(司馬貞)의 색
은(索隱)에는 "盟之所用牲貴賤不同 天子用牛及馬 諸侯用犬及豭 大夫已下
用雞 今此總言盟之用血 故云取雞狗馬之血來耳"라 하고 있어 희생의 종류
에 대한 설명이 약간 다르게 나타난다.

25) 文淵閣四庫全書電子版 史部 別史類,『通志』卷4 秦紀4 秦 簡公 9年諸條
참조.

26) 文淵閣四庫全書電子版 史部 地理類 都會郡縣之屬,『甘肅通志』卷5 山川
平凉縣 天壇山 참조.

27) 앞의『甘肅通志』卷22 古蹟 平凉縣 會盟壇 참조.

백제 불교와 웅진

조 경 철 한국학중앙연구원
동아시아역사연구소 연구원

1. 700년 백제 역사와 웅진

백제는 온조왕이 나라를 세운 기원전 18년부터 660년(의자왕 20) 나라가 망하기까지 678년간 존속한 나라다. 백제의 멸망을 아쉬워하기도 하지만 700여 년 동안 나라를 이끌어 오면서 수준 높은 문화를 향유한 것에 대해선 긍지를 가져도 괜찮을 것 같다. 700여 년의 백제사는 크게 세 시기로 구분된다. 백제는 한성에서 웅진으로, 웅진에서 사비로 도읍을 크게 두 번 옮겼기 때문에 백제사를 한성시기·웅진시기·사비시기로 나눈다.

한성시기는 기원전 18년부터 475년(개로왕 21)까지의 493년에 걸친 시기다. 고구려의 장수왕에 의해 한성이 함락되고 개로왕이 전사함으로써 한성시기는 마감되었다. 웅진시기는 475년 개로왕의 동생(『삼국사기』에는 아들로 나옴) 문주가 한성을 떠나 웅진에 도읍함으로써 시작되어 538년(성왕 16) 사비로 천도하기까지 63년간의 시기다. 사비시기는 538년 성왕이 사비로 천도하여 백제가 망한 660년까지로

122년간의 시기다.

웅진시기는 700여 년의 백제 역사에서 1/10도 안 되는 60여 년에 불과하지만 백제사의 흐름을 이해하기 위해선 놓칠 수 없는 시기다. 백제는 개로왕의 전사와 한성의 함락이라는 미증유의 국란을 겪고 웅진으로 천도하게 된다. 백제의 웅진시기는 존망에 빠진 백제의 위기를 극복하고 새로운 도약을 위한 준비 시기였다. 이후 사비로 천도하기도 하지만 웅진시대에 보여준 백제의 위기 수습과 문화 역량은 사비시기의 백제 문화의 성격을 규정하는 데 결정적인 역할을 하였다. 백제 멸망기에는 사비가 함락되자 웅진으로 옮겨가 저항하였는데, 웅진이 사비도성 못지않은 중요한 역할을 하였음을 알 수 있다.

본 글의 목적은 백제사에서 차지하는 웅진의 역할을 살펴보는 데 있다. 특히 백제문화의 한 축을 형성하고 있는 불교사의 입장에 초점을 맞추어 서술하고자 한다. 한국고대사에서 차지하는 불교의 중요성은 새삼 말할 필요가 없지만, 삼국 가운데 예술적 감각이 가장 높았던 백제의 불교에 대한 이해는 백제사를 새롭게 이해하는 계기가 될 것이다.

2. 한성시기의 웅진과 불교−간첩 도림에 의해 한성이 함락되다

백제는 중국 동진의 마라난타로부터 침류왕 원년 384년 불교를 수용하였다. 낙랑의 멸망 이후 백제는 고구려와 직접 국경을 맞대고 치열한 공방전을 벌였으며 중국과의 외교교류와 문화수용에도 서로 뒤지지 않으려고 경쟁하였다. 372년 불교를 수용한 고구려보다 불교 수용이 몇 년 늦었지만 392년 아신왕은 "불법을 믿어 복을 구하라"라

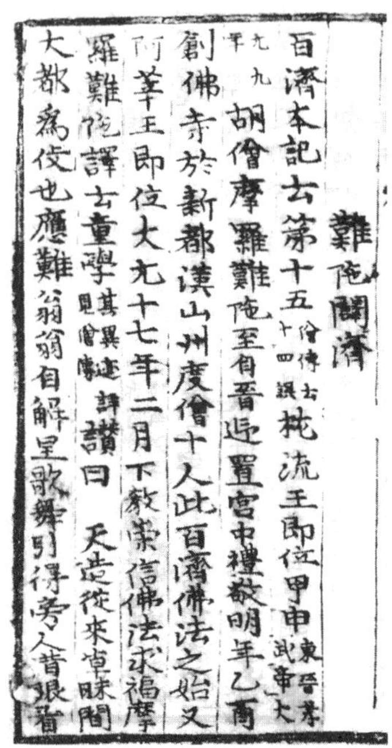

[그림 1] 백제 침류왕의 불교 수용과 아신왕의 흥법의 의지가 실린 『삼국유사』 난타벽제조

[그림 2] 뚝섬 출토 금동불 좌상. 불상의 국적에 대해서는 고구려설, 백제설이 있다(국립중앙박물관 소장).

는 교서를 내려 불교 홍포에 박차를 가하였다.[그림 1] 이후 백제의 불교에 관한 기록이 보이지 않지만 남조의 격의불교와 유사한 성격을 띠었을 것으로 추정된다. 한성시기의 불교와 관련한 유물로 뚝섬 출토 금동불 좌상[그림 2]과 풍납토성 출토 연화문 와당을 들 수 있다. 검토의 여지가 있지만 칠지도의 제작 연대를 408년으로 비정할 수 있다면 칠지도 명문의 '성음(聖音)'을 부처의 음성으로 풀어 불교와 연관을 지을 수도 있다.

백제의 불교 수용에 큰 역할을 했던 해씨 등을 위시한 귀족들의 세력을 견제하기 위하여 개로왕은 고구려의 승려 도림을 전격 기용하

[그림 3] 고구려군의 한성함락의 전초기지였던 아차산의 아차산성. 개로왕은 아차산성에 끌려와 죽임을 당하였다.

였다. 보통 도림이 개로왕을 이용하였다고들 얘기하지만 개로왕이 도림을 이용한 측면도 무시할 수 없다. 고구려는 전진으로부터 불교를 받아들였고 이후 북조[북위]의 불교와 교류했다. 북조 불교는 남조의 〈사문불경왕자론〉과 달리 왕즉불(王卽佛)이라는 불교사상이 널리 퍼져 있었다. 즉 왕즉불은 왕이 부처이므로 승려도 왕의 권한 아래에 있어야 한다는 논리로서 왕권의 초월성을 강조하였다. 개로왕은 북조 불교에 대한 이해를 갖고 있는 도림을 등용하여 기존의 불교세력과 귀족세력을 견제하여 우월한 왕권의 권위를 회복하고자 한 것이다. 그러나 개로왕의 이러한 노력은 실패로 끝났고 결국 장수왕에 의한 한성 함락과 자신의 죽음으로 이어졌다.[그림 3]

개로왕의 동생 문주는 신라에 원군을 요청하였지만 전세를 되돌리진 못하였다. 문주는 남은 사람들을 데리고 남천하게 되는데 직산

[그림 4] 공주 수촌리 고분 발굴 당시의 전경

위례성을 거쳐 웅진에 머무르게 된다. 한성시기의 웅진에 대해서
알려진 바는 없지만, 이 시기의 영역이 멀리는 영산강 유역, 가깝게는
금강 유역으로 추정되므로 한성시기 남방의 도시 가운데 중요한 역할
을 했을 것으로 추정된다. 최근 이를 뒷받침하는 유적이 공주 수촌리
에서 발견되었다. 수촌리 고분[그림 4]의 발굴로 한성시기 웅진이 중요
한 거점의 하나였음이 밝혀졌다. 그러나 한성시기 웅진에 불교유적과
관련된 유물은 아직 발견되지 않았다. 본격적인 백제 불교 유적은
웅진시대에 나타난다.

[그림 5] 공산성에서 바라다본 금강

[그림 6] 웅진의 공산성

3. 웅진시기의 웅진과 불교-새로운 도약과 비전

문주왕이 웅진[그림 6]으로 천도하여 위기를 수습하려 했지만 국내 사정이 여의치 않았다. 문주왕은 해구에 의해 살해되고 그 아들 삼근왕도 어린 나이에 죽게 된다. 동성왕이 왕위에 올라 개혁을 주도하지만 그도 백가에 의해 살해된다. 이러한 귀족들의 발호로 웅진시기 백제 왕실의 권위는 땅에 떨어졌다. 하지만 동성왕의 배다른 형인 무령왕과 그의 아들 성왕이 즉위하면서 백제는 새로운 도약과 비전의 발판을 마련하게 되었다.

1) 무령왕릉과 도교, 유교, 불교

진정한 백제사는 무령왕릉의 발굴로 시작됐다고 할 정도로 무령왕릉은 웅진의 대표적인 문화유산일 뿐만 아니라 백제의 대표적인 유산이라고 해도 과언이 아니다.[그림 7] 1971년 1박 2일의 섣부른 발굴로 아쉬움을 남겼지만 무령왕릉에서 나온 수많은 유물은 그동안 베일에 싸여 있던 백제사를 규명할 뿐만 아니라 한중일 삼국의 문화교류를 살피는 데 결정적인 역할을 하였다. 예를 들어 무령왕릉은 백제의 전통적인 석실분이 아닌 전축분으로 이는 남조 양나라의 무덤 양식이었고 관의 재료는 금송이었는데 이는 왜산(倭産)으로 왜에서 보내온 것이었다. 무령왕릉의 지석, 진묘수[석수]와 송산리 6호분의 "양나라 관청의 기와를 표준으로 삼았다"는 뜻의 "양관와위사의(梁官瓦爲師矣)"라는 글귀가 새겨진 벽돌[그림 8] 등으로 볼 때 중국[양나라]의 영향은 생각보다 컸다. 무덤에 진묘수를 배치하거나 땅을 사는 행위는 도교적 성격에 가까운 중국의 장례문화로 볼 수 있다.

[그림 7] 무령왕릉이 있는 공주 송산리 고분군

[그림 8] 송산리6호분의 "양관와위사의"라
는 글귀가 새겨진 벽돌(국립공주박물관 소장)

왕과 왕비의 지석에 새겨진 내용은 이 무덤이 바로 무령왕의 무덤임을 알려주었다. 지석에는 무령왕의 이름인 사마와 그가 죽은 날과 묻힌 날, 땅을 사는 행위 등이 서술되어 있다. 왕릉을 지키고 있던 석수는 멧돼지처럼 생겼는데 몸통에 갈기가 있고 머리 위에 외뿔이 솟아나 있다.

지석에 나타난 무령왕과 무령왕비의 상장례 기간을 살펴보면, 둘의 장례가 유교의 3년상으로 치러졌음을 알 수 있다.[그림 9] 3년상의 기간에 대

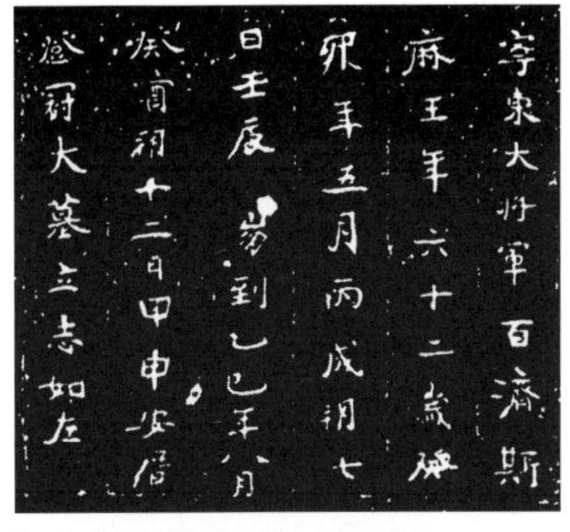

[그림 9] 무령왕릉의 무령왕 지석의 탁본

해선 왕숙의 25개월설과 정현의 27개월설의 논쟁이 있었지만 남북조시대에 27개월로 정착되었다. 그런데 왕과 왕비의 장례 기간은 28개월이었다. 참고로 고구려 광개토왕은 36개월의 3년상이었다. 28개월을 두고 종래 중국의 3년상에 대한 이해의 부족으로밖에 설명하지 못했다.

중국과 백제의 3년상 비교

	13개월	25개월	27개월	28개월
중국의 경우(정현 설)	소상	대상	담제	
무령왕과 왕비의 경우	소상	대상	담제	등관대묘
성왕의 경우	소상	대상	담제 후 등관대묘 혹은 =등관대묘	

그런데 백제는 고구려와 더불어 빈장(殯葬)이란 장례 절차가 있어 중국의 장례와 달랐음을 고려해야 한다. 백제는 사람이 죽으면 곧바로 시신을 묻는 것이 아니고 오랫동안 다른 곳에 모셨다가 마지막에 묻었다. 이 마지막 빈장 절차가 남아서 27개월에 1개월을 더한 28개월 3년상이 백제에서 실시된 것이다. 중국의 영향을 받았지만 백제는 자신의 장례 풍습을 적용하여 새로운 28개월 3년상을 만들어 낸 것이다. 앞서 언급한 진묘수도 중국의 영향을 받았지만 중국의 진묘수가

괴이하고 무섭게 생겼다면 백제의 진묘수는 귀엽고 친근하여 백제의 부드러운 문화적 특징이 잘 나타나 있다.[그림 10]

무령왕릉에 나타난 도교와 유교적 요소는 직접적으로 드러나지만 불교적 요소는 그렇지 못하다. 여러 유물에 드러난 연꽃 문양이 전부다. 하지만 벽돌에 새겨진 연꽃의 아름다운 모습이나 동탁은잔[그림 11] 뚜껑 꼭지의 연화문은 예술적 감동을 주기에 충분하다. 왕비의 베개의 연꽃은 죽은 뒤에 가고 싶은 불교세계와도 연관을 맺을 수 있을 정도로 그들의 불교적 신앙심이 남달랐음을 알 수 있다.

2) 무령왕의 세계화-중국과 인도로

무령왕대의 불교와 관련된 직접적 유물은 무령왕릉에 보이는 연꽃 무늬로 유추할 수 있지만, 무령왕대의 불교에 대한 관심은 중국을 넘어 인도에까지 뻗어 나갔다. 무령왕대에 활동한 승려로 발정과 겸익이 있다. 발정은 양나라 천감 연간(502~519)에 중국으로 건너가 30년 동안 공부하다가 백제로 귀국하였다. 그의 귀국 연대가 빠르면 532년이기 때문에 그가 무령왕대에 직접 백제에서 활동한 것은 아니다. 하지만 그가 중국으로 건너간 연대가 무령왕대인 점을 고려하면 무령왕대의 불교에 대한 열정의 일단을 볼 수 있다. 발정에 관한 이야기는 일본 쇼렌인(靑蓮院)에서 발견된『관세음응험기』에 보이는데, 귀국할 때 화엄경 독송자와 겨뤄 법화경 독송이 우월함을 과시했다고 한다.

겸익은 무령왕 말년 521년 아비담과 율장을 구하기 위하여 인도로 떠나게 된다. 무령왕의 계율에 대한 관심은 웅진 천도 후 정치적

[그림 10] 1500년 동안 무령왕릉을 지켜온 석수(국립공주박물관 소장)

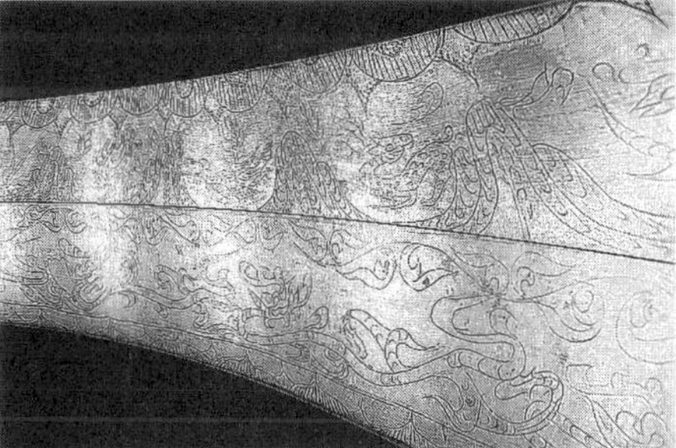

[그림 11] 무령왕릉의 동탁 은잔과 세부(국립공주박물관 소장)

156

[그림 12] 무령왕릉 내부(모형)

안정과 짝하여 불교 교단을 정비하기 위한 일환으로 생각된다. 무령왕대 발정의 중국 유학이나 겸익의 인도 유학을 감안하면 무령왕릉에 보이는 연꽃의 의미는 불교와 밀접하게 관련됨을 알 수 있다. 무령왕의 중국과 인도를 넘나든 불교의 열정은 비록 당대에 뜻을 이루지는 못했지만 그의 아들인 성왕대에 이르러 결실을 맺게 된다.

3) 성왕의 백제 불국토 건설과 웅진

백제의 성왕(재위, 523~554)은 한성시기의 근초고왕과 더불어 백제의 영토 확장을 이끈 대표적 왕으로 알려져 왔다. 성왕은 538년 사비 천도를 단행하여 백제 중흥의 단초를 만들었다고 한다. 그래서 웅진시기의 성왕의 역할에 대해서 과소평가하는 면이 없지 않다. 신라의 달구벌[대구] 천도가 실패한 것이나 현재의 행정수도 이전이 논란이 되는 것을 고려할 때 도읍을 옮기는 것이 얼마나 어려운 일인가를 짐작할 수 있다. 따라서 천도 그 자체보다는 천도를 단행하기

[그림 13] 무령왕릉 연꽃무늬 벽돌(모형)

위한 사전 작업이 천도의 성패를 가름하는 중요한 요인으로 작용할 수 있다. 여기선 성왕의 웅진시기의 재위 기간인 523~538년의 15년간에 주목하고자 한다.

(1) 겸익의 귀국과 율의 정비

겸익에 대해서는 앞서 무령왕과 관련된 부분에서 언급한 바가 있다. 겸익에 관한 자료는 1918년 초반 이능화가 편찬한 『조선불교통사』 미륵불광사사적에 실려 있다. 이 기록에 의하면 겸익은 율을 구하기 위해 바다 건너 중인도의 상가나대율사에 이르러 5년 동안 범어를 배우고 율장을 공부하여 인도 승려 배달다 삼장과 더불어 아담장과 5부 율문을 가지고 526년 백제로 귀국했다고 한다. 백제의 성왕은 겸익을 흥륜사에 모시고 국내 28명의 승려를 초치하여 율부를 번역하게 하였다. 담욱과 혜인이 율에 대한 주석서인 율소 36권을 지었다. 성왕은 몸소 비담[아담장]과 신율에 서문을 썼다. 이들 모두를 태요전에 보관하고 장차 판각하려고 했으나 뜻을 이루지 못했다고 한다.

불교는 인도를 거쳐 중국으로 건너왔고 중국 불교가 다시 고구려, 백제, 신라에 들어왔다. 범어가 아닌 한문으로 번역된 한역 경전의 도입은 이후 한국불교가 중국불교의 커다란 영향 하에 들어갈 수밖에 없는 상황을 만들어 냈다. 하지만 백제는 한역불교에 만족하지 않고 인도불교에까지 영역을 넓혔다. 겸익이 인도에 율을 배우러 간 것은 한역된 중국의 율에 만족하지 않고 새로운 율의 정보를 얻기 위해서였다. 백제인의 원류와 원전에 대한 이해는 백제의 불교문화의 창조성을 가능케 한 원동력으로 작용했다.

그러나 겸익의 인도 구법은 백제 불교사의 획을 긋는 사건이지만 문제가 없지는 않다. 겸익에 관한 기록이 1918년 편찬된『조선불교통사』에만 보이고 있기 때문이다. 자료가 생각보다 후대의 자료라 이를 역사적 사실로 이용하기에는 주저되는 감이 없지 않다. 겸익 자료의 신빙성 문제는 쉽게 해결될 문제가 아니지만,『일본서기』관륵 기사에서 해결의 편린을 찾을 수 있다. 일본에 건너가 불법을 전파한 관륵은 일본 천황의 승려에 대한 탄압에 대항하여 승려 통제는 자발적인 교단의 계율을 통해서 이루어져야 한다고 하면서, 불법이 중국으로 건너와 300년을 지나 백제로 건너왔고 지금[624년]으로부터 100년이 되었다고 하면서 일본의 율의 정비를 건의하였다.

관륵의 말은 한때 백제의 불교 수용이 624년에서 100년을 소급한 524년경에 이루어졌다는 설을 낳기도 하였다. 이들은 무령왕릉에 보이는 연꽃 문양이 524년의 백제 불교를 보여주는 구체적인 사례로

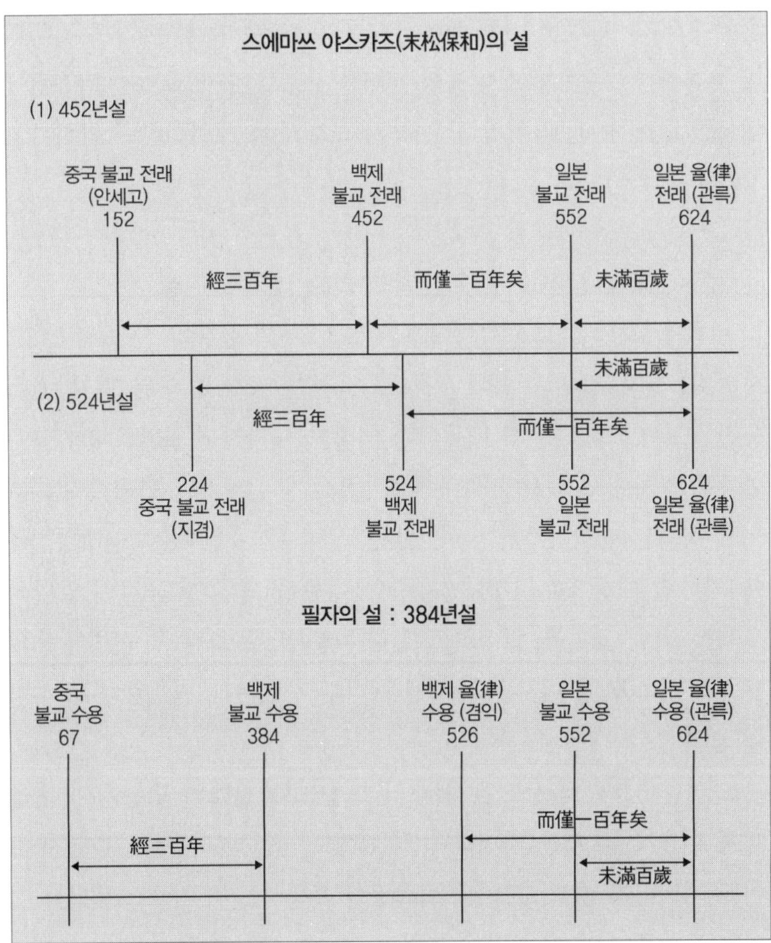

[그림 14] 『일본서기』 관륵 기사의 해석에 근거한 백제의 율의 정비

보았다. 하지만 관륵의 주관심은 불교 수용이 아니라 율의 정비에 있었으므로 524년은 불교의 수용이 아닌 율과 관련된 연대로 해석해야 한다.[그림 14] 524년은 겸익이 인도에서 귀국하기 2년 전이다. 520년대 후반에 백제는 율을 정비했고, 관륵은 백제의 율의 정비 사례를

들어 일본의 율의 정비를 독촉한 것으로 봐야 한다. 따라서 관륵의 말을 통해 520년대 백제의 율의 정비를 유추할 수 있고, 이때 526년에 귀국한 율에 밝은 겸익과 같은 인물이 있었을 개연성은 충분하다고 생각한다.

(2) 대통사 창건과 성족 관념 그리고 불국토 건설

백제가 384년 불교를 수용하고 이듬해 385년 한산에 절을 지었다고 하지만, 현재 절의 이름과 위치가 알려진 가장 오래된 백제 절은 웅진의 대통사다.[그림 15] 대통이란 인장이 새겨진 기와[그림 16]가 공주 반죽동 근처에서 발견되어 대통사의 위치가 알려졌고 현재 통일신라로 추정되는 당간지주가 남아 있다. 『삼국유사』원종흥법염촉멸신조에 의하면 대통사는 신라 법흥왕이 대통 원년(527) 웅진에 양나라 무제를 위해서 지은 절이라고 한다.[그림 17] 위 조는 원종[법흥왕]의 흥법과 염촉(厭髑, 이차돈)의 순교를 다루고 있는데, 법흥왕의 또 하나의 업적으로 대통사 창건을 들고 있다.

그러나 527년의 웅진은 백제의 도읍으로 신라의 법흥왕이 절을 세울 수 없다는 것은 자명하다. 그럼에도 『삼국유사』는 분주를 통해 이를 지적하지 않고 527년은 법흥왕이 흥륜사를 세우려고 했던 시기이므로 다른 곳에 절을 세울 겨를이 없다는 이유를 들어 창건 연대를 527년(대통 원년)에서 529년(중대통 원년)으로 바로잡고 있다. 이렇게 문제가 많은 기록임에도 불구하고 단순히 신라의 법흥왕을 백제의 성왕으로 바꾸어, 백제의 성왕이 양나라 무제를 위해서 지은 절이라고 이해해 왔다. 이후 대통사는, 무령왕릉의 물질문화가 양나라의 영향이라는 것과 짝하여, 백제의 정신문화가 양나라의 영향을 받았다

[그림 15] 공주 대통사지에 세워진 통일신라의 당간지주(상)와 국립공
주박물관 야외에 전시된 백제의 대통사지 석조(하)

[그림 16] 공주 반죽동 인근에서 발견된 대통명 기와(국립공주박물관 소장)

[그림 17] 대통사에 관한 기록을 싣고 있는 『삼국유사』 원종흥법염촉멸신조의 원문

而非永興寺之創主也 恐真
興字當作法 謂法興之妃
巳刁夫人爲尼者之卒也 乃創寺立像之主故也 二興
捨位出家 史不書 非經世之訓也 又於大通元年丁未
爲梁帝創寺於熊川州 名大通寺（熊川即公州也 時屬新羅故也 然恐非丁未
中大通元年戊申 歲所創也 於興輪創寺之年 未暇及於他郡立寺也）讚曰
聖智從來萬世謀 區區輿議謾秋毫
法輪解逐金輪轉 舜日方將佛日高
右原宗
徇義輕生已足驚 天花白乳更多情
俄然一釰身亡後 院院鐘聲動帝京
右厭髑

는 상징적인 사찰로 굳어져 왔다.

그러나 이것은 단지 법흥왕을 성왕으로 바꾸어 해결될 문제가 아니다. 백제의 성왕이 양나라 무제를 위해서 대통사를 지었다고 하는 해석은 대통(大通)을 양무제의 연호로 본 데서 비롯되었다. 그런데 백제는 웅진시기나 사비시기에 중국의 연호를 사용한 적이 없다. 대통 연간(527~529)에 해당되는 무령왕릉의 지석에도 중국 연호는 쓰이지 않았다. 작년(2009년)에 발견된 미륵사 사리봉안기를 비롯한 백제의 금석문 자료에도 중국 연호는 보이지 않는다. 따라서 성왕이 양무제의 연호를 따서 대통사를 지었다는 해석은 재검토의 여지가 있다.

앞서 성왕이 비담과 신율에 서문을 썼다는 것을 언급했는데, 이를 통해서 성왕이 불교 교리에도 해박한 지식을 갖고 있었음을 알 수 있다. 또한 무령왕과 성왕 시기에 중국에서 활동하고 있었던 발정의 경우 법화경 독송에 능했다는 점이나, 사비시기의 현광이나 혜현이 법화승려였으며 재가 신자인 사택지적

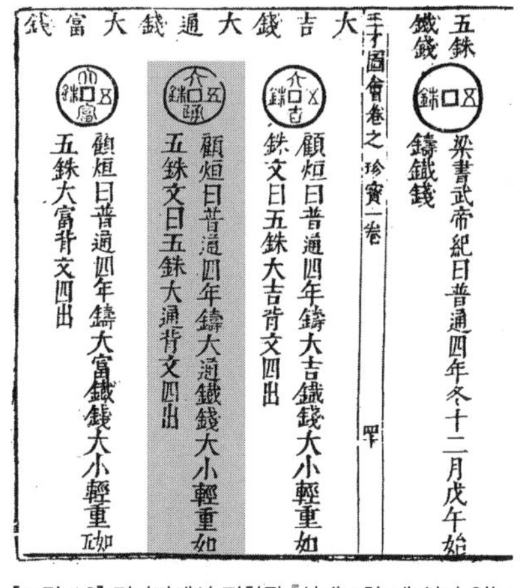

[그림 18] 명나라에서 편찬된 『삼재도회』에 실려 있는 오수전. 이 오수전은 양나라 무제 보통 4년(523)에 만들어졌다. 왼쪽에서 두 번째가 대통오수전

도 법화신앙자라는 점을 고려하면, 백제의 법화신앙이 매우 이른 시기에 알려졌으며 이후 널리 퍼졌음을 알 수 있다.

성왕이 대통사를 지었다면 절의 창건 목적을 알아야 한다. 절의 창건 목적을 알기 위한 방법의 하나가 절의 이름을 짓게 된 배경이다. '대통'이란 이름은 화폐 이름[대통전][그림 18], 승려 이름[대통 신수], 『장자』의 대통 등 여러 의미로 쓰이고 있다. 그 가운데 하나가 부처 이름으로서의 대통이다. 『법화경』에 의하면 전륜성왕의 아들이 출가하여 대통불[대통지승여래]이 되었고 16명의 아들도 아버지를 따라 출가하여 8방의 부처가 되었다고 한다. 16명의 아들 가운데 첫째가 지적이고 막내가 석가모니였다. 곧 전륜성왕—대통불—석가모니에 이르는 계보를 서술하고 있다.

그런데 백제에도 전륜성왕으로 자처한 성왕이 있고, 웅진에 대통사가 있고, 성왕의 손자인 법왕[석가모니]이 존재하고 있다. 『법화경』에서 대통불을 위덕세존으로 부르기도 하므로 위덕왕은 대통불에 대응된다. 그리고 사택지적비[그림 19]의 주인공인 지적이 있다. 대통사의 대통을 대통불로 보는 것이 자의적인 해석일 수 있지만, 대통사의 주변 인물과, 대통불 주변의 인물들이 서로 연관성이 있으므로 대통사와 대통불의 관련성은 생각보다 개연성이 높을 수 있다. 백제의

[그림 19] 국립부여박물관의 사택지적비. 제1행 맨 아래 '지적'이 보인다(국립부여박물관 소장).

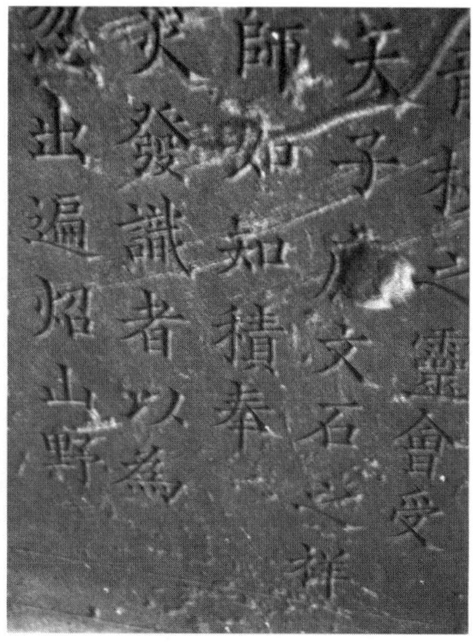

[그림 20] 부석사의 원융국사비와 세부. 이 비에 지적과 대통이 등장한다. 중앙 아래에 '지적'이 보인다.

경우는 아니지만 중국의 경우 천태 지자의 속가제자가 자신을 지적이라 하고 천태를 대통불이라 하였고, 고려의 경우 정종이 자신을 지적으로 원융국사를 지승불[대통불]로 비긴 사례도 있다.[그림 20]

백제 왕실과 불교

백제 왕실 계보	성왕(聖王)	위덕왕(威德王)	법왕(法王)	무왕(武王)
부처의 계보	전륜성왕 (轉輪聖王)	대통불[위덕세존] (大通佛[威德世尊])	석가불 (釋迦佛)	미륵 (彌勒)
주요 사찰	대통사 (大通寺)	능사 (陵寺)	왕흥사 (王興寺)	미륵사 (彌勒寺)
불교 신앙	법화신앙			미륵신앙+법화신앙

그렇다면 대통사는 백제의 성왕이 가깝게는 대통불이 보호하는

대통불국토, 멀리는 석가모니가 보호하는 석가불국토를 이루고자 한 목적에서 건립되었다고 볼 수 있다. 덧붙여 백제의 왕계가 석가족의 가계와 같다는 성족 관념을 통해 왕권의 신성성을 고취하기 위한 목적도 있었다.

[그림 21] 부여 부소산성 동문지에서 발견된 대통명 기와

이상 대통사의 대통을 양무제의 연호가 아닌 대통불의 대통으로 해석했는데, 이럴 경우 대통사의 창건 연대가 불확실해진다. 성왕의 사비 천도의 시작을 부소산성에서 발견된 대통 명 기와[그림 21]에 근거하여 527년으로 보고 있듯이, 대통의 연대 문제는 그 파급력이 만만치 않다. 물론 대통사의 창건 시기는 대통명 기와의 연대 비정에 의하여 웅진시기를 벗어나지는 않는다. 대통사의 창건목적이 『법화경』의 전륜성왕에서 석가모니에 이르는 계보를 백제 왕실에 적용시키기 위해서라면, 그 창건 시기도 백제 왕실의 계보와 연관있는 역사적 사건과 관련이 있을 것이다.

성왕의 웅진시기 재위 연간인 523~538년 사이에 왕실과 관련된 중요한 사건 중 하나는 무령왕의 3년상이다. 성왕의 아버지에 대한 효성은 무령왕릉의 축조와 28개월 3년상으로 유추할 수 있다. 다음 왕실과 관련된 중요한 일은 창[위덕왕]의 탄생이다. 웅진시기 왕위 계승이 불안했던 점을 고려하면 왕위를 이을 아들의 출생은 왕실이 축하할 일이었다. 역사상 수많은 사찰이 아버지의 명복과 자식의 건강을 기원하기 위해 지어졌다. 따라서 성왕도 무령왕의 명복과 아들 창의 건강을 위해 절을 지었을 가능성이 높다. 그런데 공교롭게도 무령왕의 3년상이 끝나는 해와 창이 태어난 해는 525년으로 같은 해다. 성왕은 무령왕이 죽자 왕의 명복을 빌기 위한 사찰을 짓기 시작했으며 창의 건강을 기원하기 위해 525년 대통사란 이름으로 완공한 것은 아닐까 생각한다.

성왕은 무령왕의 3년상을 통한 유교 예제의 시행, 겸익을 통한 율의 정비, 대통사 창건을 통한 왕실의 성족 관념을 통하여 자신의 정치적 기반을 닦아 나갔고 이를 기반으로 사비 천도를 단행할 수 있었다.

4. 사비시기의 불교와 웅진 - 불교의 꽃을 피우다

백제의 성왕은 538년 사비 천도를 단행하여 남부여로 국호를 개명하고 정림사[그림 22]를 창건하는 등 일사천리로 자신이 생각하는 나라를 만들어 나갔다. 541년 양나라부터 열반경을 비롯한 여러 경전의 주석서와 예학에 밝은 모시박사[강례박사] 육후를 청하였다. 웅진시기 법화경에 대한 이해는 열반경에 대한 관심을 고조시켜 중국의 주석서를 들여왔고, 유교 예제의 확립을 위하여 육후를 초빙하였다. 한때 한강 유역을 회복하여 성왕의 꿈이 이루어지는 듯했으나 관산성 패전으로 꿈을 접어야 했다. 아들 위덕왕은 아버지 성왕을 위하여 3년상을 치르고 명복을 빌기 위해 출가를 결심하기도 했다. 능사를 창건하여 사리를 봉안하고 백제금동대향로[그림 23]를 제작하였다. 이후 백제 왕실의 불교에 대한 관심은 혜왕-법왕-무왕으로 이어진다.

[그림 22] 백제 정림사지의 전경

[그림 23] 능사에서 발견된 백제 대향로. 화생전변(化生轉變)의 상징 구조로 백제인의 불교, 유교, 도교에 대한 인식과 높은 예술적 심미안이 드러나 있다. 중국 박산향로에는 보이지 않는 산 정상의 5악 연주가 인상적이다(국립부여박물관 소장).

[그림 24] 백제 때 오합사로 불렸던 충남 보령의 성주사지 전경

혜왕은 오합사[그림 24], 법왕은 왕흥사, 무왕은 미륵사를 창건하였다.
사비시기 삼론을 비롯한 불교 교학에 대한 높은 이해는 최근 백제
승려 혜균의 저술로 밝혀진 『대승사론현의기』를 통해서 밝혀졌다.

1) 사비시기 현광과 공주

현광에 관한 기록은 중국 『송고승전』에 보인다. 현광은 중국으로
건너가 중국 천태종의 2조인 남악 혜사(514~577)에게서 『법화경』의
법화안락행문을 전수받고 법화삼매를 증득하여 스승이 죽기 전 백제
로 귀국한다. 당시 백제는 위덕왕이 통치하는 시기로 도읍은 사비였
다. 그런데 현광이 귀국하여 머문 곳은 사비가 아니라 이전 도읍인

웅진이었다. 웅진의 법화신앙의 전통은 웅진시기 대통사의 창건이나 웅진시기 중국에서 활동하고 사비시기 귀국한 발정을 통해서 알 수 있는데, 현광도 웅진의 옹산에서 법화삼매를 실현하고 있다.[그림 25]

[그림 25] 공주 의당에서 출토된 관음보살입상. 관세음 신앙은 『법화경』 관세음보살보문품에서 강조되고 있다

2) 사비시기 북부 수덕사의 혜현과 웅진

혜현은 중국 유학을 가지 않은 인물이지만 『삼국유사』는 물론 중국의 『속고승전』에도 실려 있다. 혜현은 죽어서도 혀가 썩지 않았다고 할

[그림 26] 충남 예산의 수덕사. 혜현이 머물며 법화경을 독송하였다. 대웅전은 고려 건물로 우리나라 목조건축의 진수를 보여주고 있다.

정도로 법화경 독송에 능했다. 주로 활동한 연대는 무왕대이며, 사비보다는 북부 수덕사[그림 26]와 강남 달나산 등 지방에서 활동하였다. 백제 불교가 도읍을 벗어나 지방으로 확산되는 모습을 보이고 있다. 혜현과 웅진의 직접적인 관계는 보이지 않지만, 웅진이 북부의 방성임을 고려하면 북부 수덕사도 웅진 불교의 범위에 포함시킬 수 있다. 백제가 멸망한 이후이긴 하지만 웅진 관할의 연기 지방에서 백제 유민을 중심으로 불사가 일어난 점을 고려하면 웅진의 불교적 영향력의 범위는 의외로 넓었다고 볼 수 있다. 백제가 멸망기 도침의 부흥군을 북부에서 응원하였다고 하는데 수덕사를 중심으로 한 웅진 지역 사찰들의 호응을 충분히 예상할 수 있다.

3) 사비시기의 수원사와 웅진 ─미륵신앙의 원천

공주 지역에 전해지는 여러 사찰이 백제시대의 사찰로 알려지고 있지만 확인된 바로는 대통사와 수원사가 유일하다. 대통사는 그 위치가 알려져 있지만 수원사는 기록에만 보일 뿐 구체적인 위치는 밝혀져 있지 않다.『삼국유사』미륵선화미시랑진자사조에 의하면, 신라 진지왕대 흥륜사 승려 진자가 미륵선화를 찾기 위하여 웅진 천산 근처의 수원사를 찾아가는 이야기가 나온다. 신라 진지왕 때라면 백제 위덕왕 23년(576) 이후로 당시의 도읍은 사비였다. 그런데 사비가 아닌 웅진 수원사를 찾아간 것을 보면 웅진의 미륵신앙이 사비 못지않게 성행했음을 알 수 있다.

미륵신앙은, 익산 미륵사에서 전형적으로 나타나지만[그림 27]『미륵하생경』에 의하면 석가가 제도하지 못한 중생을 미래불인 미륵이

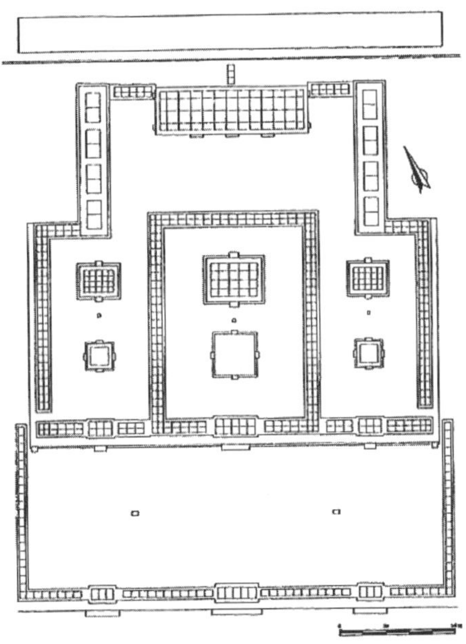

[그림 27] 미륵사 가람배치도(상)와 2009년 미륵사지 서탑에서 발견된 사리장엄구와 사리봉안기(하)

세 번의 설법을 통해 구제한다는 신앙이다. 미륵이 하생하기 위해서는 전륜성왕이 정법으로 나라를 다스린다고 하여 둘의 관계는 동전의 양면처럼 긴밀한 관계다. 웅진 미륵신앙의 전통은 전륜성왕과 미륵의 두 가지 측면에서 접근할 수 있다. 먼저 전륜성왕의 측면에서 본다면 겸익이 율장을 번역했다고 하는 웅진의 흥륜사란 절 이름의 흥륜의 륜(輪, 전륜)이나, 법화경의 전륜성왕−대통불−석가모니로 이어지는 계보에 나타난 전륜성왕이 있다.

한편 미륵에 대한 이해는『미륵삼부경』이 아닌 석가가 미륵에게 불법을 전수한다는 내용도 담고 있는『법화경』을 통해서도 접했을 가능성이 있다. 법왕의 아들인 무왕에 의한 미륵사 창건도 성왕−위덕왕−법왕[석가모니]−미륵으로 이어지는 법화신앙과 관련을 맺을 수도 있다. 최근 현광이 남악 혜사의 말법의 미륵신앙에 영향을 받았다고 하는데, 말법사상까지는 아니더라도 웅진에서 활약한 현광에 의해 혜사의 미륵신앙이 전해졌을 가능성도 있다. 미륵사 창건을 발원한 백제 왕후는 법화신앙자로 알려진 사택지적과 같은 성씨인 사택씨였다. 미륵사 창건에 미륵신앙뿐만 아니라 법화신앙도 영향을 끼쳤을 단서를 제공하고 있다.

백제의 미륵신앙은 무왕이 익산에 3원 1가람의 미륵사 창건으로 정점을 이루지만, 미륵사 창건 이전에 사비의 왕흥사가 낙성된 이후 절 이름이 한때 미륵사로 불린 적이 있을 정도로 미륵신앙은 전국적으로 보급되었다. 웅진의 수원사, 사비의 미륵사[왕흥사], 익산의 미륵사는 백제의 미륵 신앙에 대한 열정을 잘 보여주고 있다.

5. 백제 멸망기의 공주-아미타 정토를 기다리며

성왕의 백제 중흥의 꿈이 성왕의 죽음으로 막을 내렸듯이 무왕의 미륵하생의 꿈은 그의 죽음과 더불어 또다시 막을 내려야 했다. 의자왕은 무왕의 죽음과 미륵사 창건의 주역이기도 한 사택 왕후의 죽음을 계기로 백제 사상사의 키의 방향을 불교에서 유교로 바꾸어 놓았다. 대통불의 계보에 속하는 지적이란 이름을 얻었던 법화신앙자 사택지적의 은퇴는 불교와 유교의 화합이 어려워졌음을 보여준다. 의자왕 말년 왕흥사에 홍수가 나고 도양사와 천왕사에 벼락이 떨어졌다고 하는데 이는 물론 백제 멸망의 전조이기도 하지만 의자왕의 불교정책에 힘을 잃어버린 불교계의 모습을 보여주는 것이기도 한다. 고구려의 경우 도교와 불교와의 대립이 고구려 멸망의 한 원인을 제공했음을 볼 때, 의자왕대 불교와 유교의 사상적 갈등은 백제 멸망의 한 원인으로 작용했을 것이다.

나당연합군에 의해 사비가 함락되자 의자왕은 웅진으로 옮겨 저항하였다. 물론 의자왕은 예식진의 모반에 의해 힘없이 항복하게 된다. 그렇지만 곳곳에서 백제부흥군이 일어나 한때 전세를 만회하기도 하였다. 도침의 부흥군에 북부가 호응했음을 볼 때 북부 수덕사를 비롯한 웅진 지역의 승려들도 부흥군에 다수 가담했을 것으로 추정된다. 그러나 모든 승려들이 백제 부흥에 뜻을 같이한 것은 아니었다. 웅진 출신인 경흥은 신라 문무왕에게 발탁되어 국사의 자리를 보장받고 신문왕대 국로가 되었다. 그의 사상적 경향은 백제의 법화신앙-열반신앙으로 이어지는 일체성불론의 입장과 다른 오성각별설의 입장에 있었다.

176

승세를 잡았던 백제부흥군은 도침과 복신의 죽음 같은 부흥군 내부의 갈등과 일본과의 연합작전인 백강 전투의 패배에 의해 전세를 만회하기에는 역부족이었다. 655년 공주 취리산에서 당의 주선 하에 부여융과 신라 문무왕이 맹약을 맺어 백제의 멸망은 돌이킬 수 없게 되었다. 그러나 웅진도독부 하에서 백제 유민들은 당과 신라의 틈바구니에서 간헐적인 부흥운동을 계속한 것으로 추정된다. 백제 멸망과 함께 백제 불교도 끝났고 웅진의 불교도 끝났지만, 연기 지역에서 백제 유민들에 의해 조성된 불비상이 발견된 점은 주목할 일이다.

연기 비암사[그림 28]에서 발견된 계유명아미타삼존불비상의 명문에 의하면 신라 관등을 가진 백제 유민과 백제 관등을 가진 백제

[그림 28] 비암사 전경

[그림 29] 연기 비암사에서 발견된 계유명아미타삼존불비상. 달솔 신차를 비롯한 백제 유민이 조성하였다. 삼존불비상은 비암사 3층석탑 상륜부 노반 위에 올려져 있었다(국립청주박물관 소장).

유민이 국왕, 대신, 7세 부모, 함령 등을 위하여 절을 창건하고 불비상을 조성했다고 한다.[그림 29] 명문 속의 계유년은 673년으로 절을 창건한 해이고 불비상을 만든 해는 674년으로 추정된다. 674년은 백제가 멸망한 지 14년이 지난 뒤지만 달솔이란 백제의 두 번째 관등을 가진 신차가 불비상 조성에 참여한 것을 보면, 백제적 전통이 강하게 남아 있는 불비상으로 볼 수 있다.

불비상에 표현된 조각은 이름에서 알 수 있듯이 아미타불과 좌우 보처인 관세음보살, 대세지보살을 중심으로 여러 존상이 조각되어 있다. 백제는 발정의 예에 보듯이 법화신앙, 관세음보살신앙이 성행했지만 아미타신앙은 잘 드러나지 않는다. 물론 법화경에 법화경을 독송하면 아미타 정토에 왕생할 수 있다는 교설이 있고, 대통불의 16명의 아들 가운데 한 명으로 아미타불이 있지만 법화신앙과 미륵신앙의 성세에 밀려 부각되지 못하였다. 그러나 익산의 미륵신앙이 의자왕대에 침체되고 나라가 멸망하고 전쟁중에 죽어간 수많은 사람들을 보면서 서방정토의 아미타신앙에 관심을 가지게 되었다. 백제 유민은 아미타 불비상을 조성하면서 현실적인 신라의 국왕을 위하면서도 전쟁중에 끌려간 의자왕과 백제인의 서방왕생을 빌었을 것이다.

한편 신라의 입장에서는 674년을 전후하여 마지막으로 한반도의

[그림 30] 경북 영주 부석사의 무량수전. 부석사는 신라 의상에 의해 676년에 세워진 절이다.

점령을 노리는 한때의 동맹국인 당나라와 일전을 남겨 놓은 상황이었다. 신라의 입장에서는 백제나 고구려 유민들의 소극적인 지지라도 아쉬웠다. 이에 673년 백제의 벼슬아치들에게 신라 관등을 수여하고 회유하는 한편, 절의 창건과 불상 조성을 통해서 유민들의 마음을 달래려고 하였다. 신라는 676년 기벌포와 매초성에서 당군을 물리치고 명실상부한 삼국통일의 대업을 이루어 냈다.

역사는 승자의 것이라고 하지만 패자도 역사의 흐름에 전혀 기여하지 않는 것은 아니다. 외위가 없는 백제 관등에 경위를 수여하게 됨으로써 신라의 외위제가 없어지는 데 기여하기도 했다. 백제 멸망 이후 공주 인근의 연기 지역에서 일어난 아미타신앙은 신라 아미타신앙의 흥성에 영향을 주었다. 676년 의상에 의해 건립된 부석사[그림 30]에 아미타불을 모시게 된 신앙적 분위기를 백제 유민의 아미타신앙이 일정부분 제공했다고 볼 수 있다.

6. 백제불교사에서 웅진불교가 차지하는 위치

백제 불교신앙의 흐름은 구복신앙-왕즉불신앙-법화신앙과 율-열반신앙-미륵신앙-아미타신앙으로 전개되었다. 한성시기에는 구복, 왕즉불신앙이, 웅진시기에는 법화신앙과 율이, 사비시기에는 열반, 미륵신앙이 유행하였다. 웅진시기는 전 백제 불교사에서 60여 년에 불과하지만 이때 법화와 율을 중심으로 닦아 놓은 불교의 전통은 백제불교의 흐름 속에 면면히 이어져 나갔다. 법화는 열반과 아미타신앙으로 길을 내주었으며, 계율의 기반 속에 미륵 하생이 유행하였다. 특히 법화는 바다 건너 일본에 큰 영향을 끼치기도 하였다.

찾아보기